GLUTENFREI SÜSS UND HERZHAFT *backen*

50 Rezepte für KUCHEN, KEKSE, BROT & mehr

SABRINA SUE DANIELS & DAGMAR REICHEL

EMF

EIN BUCH DER
EDITION MICHAEL FISCHER

Inhalt

Kuchensause 64

Brotzeit 99

VORWORT

Dieses Buch ist für alle Menschen mit und ohne Glutenunverträglichkeit gedacht. Für alle, die nicht nur eine Möglichkeit finden wollen, sich bewusst zu ernähren, sondern auch die Kreativität in der Küche lieben und ihren Geschmackshorizont erweitern möchten. Am Anfang steht der Geschmack, der Mehlgeschmack. Nicht jedes Mehl ist für jeden gleich lecker, jeder hat seine persönlichen, individuellen Vorlieben und die gilt es, herauszufinden. Probiere dich durch die vielen – für viele sicher noch – unbekannten Mehlsorten und entdecke die wunderbare Vielfalt. Nach einer kurzen Eingewöhnungszeit und ein bisschen Experimentieren kannst du auch Kreationen zaubern, die absolut glutenfrei und dabei so lecker sind.

Es tut in unserer heutigen Zeit dankenswerterweise nicht Not, auf Backwaren und Co. verzichten zu müssen, nur weil man an einer Unverträglichkeit leidet. Für alle glutenfreien Feinschmecker gibt es hier Leckeres für den Frühstückskorb und die schnelle Kekspause. Aber auch eine bunte Auswahl an feinen Kuchen und Torten darf in diesem Backbuch natürlich nicht fehlen. Zu guter Letzt findest du wunderbare Grundlagen für eine leckere Brotzeit. Auch auf Vorrat gebacken, hat man immer einen leckeren Kuchen oder Keks zur Hand. Alle Rezepte sind wirklich auf Herz und Nieren geprüft! Und herausgekommen ist eine leckere Mischung für ein genussvolles glutenfreies Leben. Bauchschmerzen ade ...

Sabrina Sue Daniels & Dagmar Reichel

DIE Grundlagen

ZÖLIAKIE & GLUTEN – Was ist das?

Steht die Diagnose Zöliakie im Raum, sind Betroffene zunächst einmal verunsichert. Da ist Beratung nötig und es sind gute Informationen gefragt. Die Ernährung muss umgestellt werden und bei der Auswahl der Lebensmittel steht man oft hilflos da. Aber was ist Zöliakie eigentlich und was ist Gluten? Da sich mittlerweile immer mehr Menschen fragen, ob und in welcher Weise sie Backwaren und Getreideprodukte wirklich vertragen, wächst das Interesse an diesem Thema stetig.

Was steckt in unseren Lebensmitteln?

Lebensmittel versorgen uns mit den Grundnährstoffen Fett, Kohlenhydrate und Eiweiß. Daneben enthalten sie noch lebenswichtige Vitamine, Mineralstoffe und sekundäre Pflanzenstoffe. Für dieses Buch ist Eiweiß, insbesondere das Gluten, von besonderer Bedeutung. Gluten ist ein Eiweißanteil, der chemisch aus zwei Fraktionen besteht. Und diese rufen bei Zöliakie eine schwere Entzündung im Darm hervor. Deswegen müssen diese Menschen lebenslang konsequent darauf verzichten und auf Alternativen umsteigen. Gluten ist natürlicher Bestandteil von Weizen, Roggen, Gerste, Hafer, Grünkern, Dinkel und deren verwandten Getreidesorten. Außerdem ist Gluten ein beliebter Hilfsstoff in der Lebensmitteltechnologie, vor allem als Zusatz in Fertiggerichten und Soßen. Aber auch in der Pharma- und Kosmetikindustrie spielt Gluten eine Rolle, denn es ist ein guter Emulgator und Aromastoffträger, es bindet Wasser, es geliert und stabilisiert. Und deswegen ist es nicht nur Hauptbestandteil in vielen Getreideprodukten, sondern auch in anderen verarbeiteten Lebensmitteln, die es in unserer heutigen (Ernährungs-)Welt zu kaufen gibt. Zum Glück werden aber zunehmend gute Alternativen angeboten, die zum Backen ideal sind.

Bei Menschen mit Beschwerden im Bauch und bei der Verdauung lässt sich oftmals eine Glutensensitivität feststellen. Die Betroffenen müssen im Gegensatz zu Menschen mit Zöliakie nur über einen befristeten Zeitraum auf glutenhaltige Lebensmittel verzichten und ihren Konsum etwas einschränken. Daneben existiert noch die Weizenallergie. Hierbei handelt es sich um eine Überempfindlichkeit und somit um eine gesteigerte Reaktion des Immunsystems auf die Allergene im Weizen. Zu allen Krankheitsbildern kann ausschließlich nur gut geschultes Fachpersonal eine verlässliche Diagnose stellen.

Glutenfreie Alternativen

Wer also aufgrund einer Erkrankung auf glutenhaltige Lebensmittel verzichten muss oder auch einfach nur seinen Verbrauch verringern möchte, der findet gute Alternativen und kann auf glutenfreie Mehlsorten aus Hirse, Buchweizen, Mais, Amarant, Quinoa oder Reis ausweichen. Du musst daher nicht auf leckeren Kuchen oder saftiges Brot verzichten. Erhältlich sind glutenfreie Mehlsorten in Bio- und Naturkostläden, Reformhäusern sowie in gut sortierten Supermärkten. Eine Umstellung auf eine glutenfreie Kost gelingt vermutlich am einfachsten, wenn du vor allem am Anfang alles selbst zubereitest. Dann weißt du am besten Bescheid, welche Zutaten in deinem Essen enthalten sind.

Übung macht den Meister!

Glutenfreies Backen ist manchmal gar nicht so einfach und erfordert ein wenig Geduld. Wenn man dann aber den Dreh einmal raushat, ist es wie so oft ganz einfach.

Lebensmittelkennzeichnung

Bei der Auswahl von fertigen glutenfreien Lebensmitteln ist jedoch Vorsicht angesagt. Du solltest bei jedem Einkauf wirklich die Augen offen halten, denn in vielen verarbeiteten Produkten ist Gluten enthalten, selbst da, wo es niemand vermutet. Dann ist einfach der selbst gebackene Kuchen am „sichersten". Jedoch gibt es seit 2008 eine Regelung für die „glutenfreie" Lebensmittelkennzeichnung, und zwar im sogenannten Codex Alimentarius. Danach dürfen nur Lebensmittel mit dem Wort „glutenfrei" gekennzeichnet werden, wenn sie weniger als 20 ppm (ppm = parts per million), das heißt weniger als 2 mg Gluten/100 g, im Endprodukt enthalten. Außerdem muss auf der sogenannten Zutatenliste eines Produkts gekennzeichnet und sogar optisch hervorgehoben werden, in welcher Menge und in welchem Herstellungsschritt eine glutenhaltige Grundzutat verwendet wurde. Denn wenn nichts draufsteht, darf auch nichts drin sein! Und seit Ende 2014 muss alles, was gekauft bzw. verzehrt werden kann und Gluten enthält, deklariert werden – ganz egal, ob verpackt oder unverpackt, ob im Handel, im Restaurant oder auf dem Markt.

Du erkennst glutenfreie Lebensmittel an der durchgestrichenen Ähre, dem DZG-Siegel, das von der Deutschen Zöliakie-Gesellschaft vergeben wird und auch international anerkannt ist.

WOFÜR WIRD GLUTEN beim Backen benötigt?

Wie lässt sich Gluten in der glutenfreien Bäckerei ersetzen? Gluten, das in Verbindung mit Wasser Klebereiweiß bildet, klebt quasi den Teig zusammen – und ist das A und O beim herkömmlichen Backen und außerdem wichtig für gute Backeigenschaften wie beispielsweise das Wasserbindungsvermögen oder die Teigelastizität und auch wie sich Krume und Kruste ausbilden. Glutenfreies Mehl hat zwar andere Eigenschaften als herkömmliche Mehle, aber mit ein paar Tricks und Kniffen geht auch damit das glutenfreie Backen gut von der Hand. Wenn du auf Glutenfreies ausweichen musst, brauchst du neben den Zutaten meist auch andere Rezepte mit unterschiedlichen Mengenverhältnissen als sonst. So saugen die meisten glutenfreien Mehle beispielsweise mehr Wasser auf, was in einem Rezept unbedingt berücksichtigt werden muss. Glutenfreies Backen erfordert also zunächst einmal ein wenig Wissen und auch etwas Übung, aber mit unseren Informationen, Tipps, Anregungen und ausgeklügelten Rezepten wirst du sicherlich schnell leckere Backwaren aus dem Backofen zaubern können.

Für ein tolles Backergebnis brauchst du beim Backen mit glutenfreien Mehlen einen Ersatz für das Klebereiweiß. Das kann am besten durch ein Verdickungs- oder Bindemittel ersetzt werden. Als Bindemittel, die die Flüssigkeit im Teig an sich binden, sind beispielsweise Johannisbrotkernmehl oder Guarkernmehl (siehe S. 18/19) super geeignet.

Beim glutenfreien Backen solltest du dich ganz strikt an die Mengen- und Zutatenangaben halten, damit du am Ende ein zufriedenstellendes Backergebnis bekommst. Besonders das Verhältnis von Mehl zu Stärkemehl ist wichtig. Meist ist das Verhältnis der beiden Zutaten fast gleichberechtigt, es kann jedoch je nach Rezept auch sehr unterschiedlich sein. Bindemittel nehmen nur einen kleinen Teil des Verhältnisses ein: Pro 100 Gramm Mehl beispielsweise benötigt man etwa 1 Gramm Johannisbrotkernmehl. Ab Seite 18 findest du eine kleine Auswahl an glutenfreien Bindemittel-Alternativen.

Auch Hefe ist ein gutes Backmittel, das den Teig schön locker, luftig und vor allem elastisch macht. In den Rezepten kommt vorwiegend Trockenhefe vor. Du kannst aber ersatzweise auch frische Hefe in der entsprechenden Menge verwenden. Neben Hefe in Hefeteigen werden für die Teige außerdem Xanthan Gum, Flohsamen, Guarkernmehl, Johannisbrotmehl, Chia-Samen und geschroteter Leinsamen als Bindemittel verwendet. Chia-Samen und geschroteter Leinsamen sind perfekte Zutaten, wenn man ohne Eier backen möchte. Sie sind somit besonders für Veganer und Vegetarier interessant.

GRUNDREZEPT
Rührteig

Rührteig ist ein Allrounder – er lässt sich schnell zubereiten und ist vielfältig wandelbar. Verschiedene Gewürze, Kakaopulver, Nüsse oder frische Früchte machen aus einem einfachen Teig eine geschmackliche Offenbarung.

Für 1 Springform (18 cm Ø)

Zutaten

115 g weiche Butter
180 g Rohrohrzucker
3 Eier (Größe M)
1 Vanilleschote
140 g Reis-Vollkornmehl
140 g Maisstärke
1 TL Xanthan Gum
Salz
1 Päckchen Backpulver
130 ml Milch

Außerdem:

Butter zum Einfetten
gemahlene Haselnusskerne zum Ausstreuen

Den Backofen auf 175 °C Ober-/Unterhitze vorheizen. Eine Springform mit Butter einfetten und mit gemahlenen Haselnüssen ausstreuen.

Die Butter mit Rohrohrzucker und Eiern in eine Rührschüssel geben. Die Vanilleschote längs aufschneiden und das Vanillemark mit einem Messer herauskratzen und dazugeben. Alles mit den Quirlen des Handrührgeräts cremig rühren.

In einer zweiten Schüssel das Reis-Vollkornmehl mit Maisstärke, Xanthan, 1 Prise Salz und Backpulver vermischen. Das Mehlgemisch und die Milch zur Eiermasse geben und alles zu einem schön geschmeidigen Teig verrühren.

Den Teig in die Springform füllen und im Backofen (mittlere Schiene) 40 Minuten backen. Die Stäbchenprobe machen, siehe Tipp unten. Den Kuchen herausnehmen und 10 Minuten in der Form auskühlen lassen. Dann aus der Form lösen und auf einem Kuchenrost vollständig auskühlen lassen.

Tipps & Tricks

Um sicherzugehen, dass der Teig gar ist, die Stäbchenprobe machen. Dafür mit einem Holzspießchen in die Mitte des Kuchens stechen. Klebt beim Herausziehen Teig daran, den Kuchen noch einige Minuten backen. Bleibt nichts daran hängen, ist er fertig.

Den ausgekühlten Kuchen nach Belieben mit Puderzucker bestreuen, mit einem Schokoladen- oder Zuckerguss überziehen.

GRUNDREZEPT Mürbeteig

Mürbeteig ist sehr fettreich und wird beim Backen besonders knusprig. Glutenfreier Mürbeteig ist weicher als der normale Mürbeteig und etwas krümeliger, also perfekt als Boden für Früchte, Gemüse und Quark.

Für 1 Springform (26 cm Ø)

Zutaten

140 g Maismehl
110 g Tapiokastärke
2 TL Xanthan Gum
Salz
100 g Rohrohrzucker
200 g kalte Butter
1 Ei (Größe M)

Das Maismehl mit Tapiokastärke, Xanthan und 1 Prise Salz in eine Schüssel geben und gut vermischen.

Rohrohrzucker, die kalte Butter in Stückchen und das Ei dazugeben und alles mit den Händen oder den Knethaken des Handrührgeräts schnell zu einem glatten Teig verkneten. Den Teig in Frischhaltefolie wickeln und 1 Stunde in den Kühlschrank legen.

Danach den Teig je nach Rezept auf einer bemehlten Arbeitsfläche ausrollen und weiterverarbeiten.

Tipps & Tricks

Je kälter die zu verarbeitenden Zutaten sind, umso besser. Denn dadurch verbinden sich die Zutaten schneller miteinander. Nach dem Kneten, was übrigens ganz schnell gehen sollte, den Teig in Frischhaltefolie wickeln und im Kühlschrank 30–60 Minuten ruhen lassen.

Für die Zubereitung von Plätzchen den kalten Teig einfach zwischen zwei Lagen Frischhaltefolie ausrollen.

GRUNDREZEPT süßer Hefeteig

Hefeteig lässt sich süß und herzhaft zubereiten. Er kann sein Volumen durch den Zusatz von Hefe verdoppeln, die dadurch entstehenden Luftblasen geben ihm eine fluffige und lockere Struktur.

Für 1 Backblech (27 x 30 cm)

Zutaten

250 ml Milch
50 g Butter
220 g Reis-Vollkornmehl
200 g Maisstärke
80 g Maismehl
1 Päckchen Trockenhefe
2 TL Xanthan Gum
50 g Rohrohrzucker
Salz
2 Eier (Größe M)

Außerdem:

Mehl zum Arbeiten

Die Milch erwärmen, bis sie lauwarm ist. Die Butter zerlassen.

Reis-Vollkornreismehl mit Maisstärke, Maismehl, Trockenhefe, Xanthan und Rohrohrzucker in eine große Schüssel geben und gut vermischen.

Die Milch, flüssige Butter, 1 Prise Salz und Eier hinzufügen und alles mit den Knethaken des Handrührgeräts zu einem geschmeidigen Teig verarbeiten. Achtung, der Teig ist etwas weicher als normaler Hefeteig!

Den Hefeteig mit Frischhaltefolie abdecken und an einem warmen Ort 45 Minuten gehen lassen, bis sich das Volumen des Teiges sichtbar vergrößert hat.

Den Backofen auf 200 °C Ober-/Unterhitze vorheizen. Das Backblech mit Backpapier auslegen. Den Hefeteig mit leicht bemehlten Händen auf dem Backblech auseinanderziehen oder ausrollen. Den Teig abgedeckt an einem warmen Ort weitere 20 Minuten gehen lassen.

Den Hefeteig nach Belieben oder je nach Rezept belegen und im Backofen (mittlere Schiene) in 20–25 Minuten goldbraun backen. Aus dem Backofen nehmen und auskühlen lassen.

Tipps & Tricks

Die Zutaten sollten immer Zimmertemperatur haben. Die Flüssigkeit sollte lauwarm sein. Eine zu heiße oder zu kalte Flüssigkeit stoppt das Wachstum der Hefe und damit das Aufgehen des Teiges.

Am besten gelingt der Teig in einer Metallschüssel. Diese mit Frischhaltefolie abdecken und den Teig an einem warmen Ort gehen lassen.

GRUNDREZEPT
Biskuitteig

Biskuitteig ist ein Teig mit vielen Eiern, der ohne Fett zubereitet wird. Seine lockere, fast schon wolkige Struktur bekommt er durch Eischnee. Er eignet sich perfekt für Torten und Biskuitrollen, da er leicht und locker ist.

Für 1 Springform (18 cm Ø) oder 1 Backblech

Zutaten

40 g Reis-Vollkornmehl
80 g Maisstärke
½ TL Backpulver
1 TL Xanthan Gum
1 Vanilleschote
3 Eier (Größe M)
Salz
115 g Rohrohrzucker

Außerdem:
Butter für die Form
Rohrohrzucker zum Arbeiten

Den Backofen auf 200 °C Ober-/Unterhitze vorheizen. Ein Backblech mit Backpapier auslegen oder eine Springform mit Butter einfetten.

Reis-Vollkornmehl mit Maisstärke, Backpulver und Xanthan in eine Schüssel geben und gut vermischen. Die Vanilleschote längs aufschneiden und das Vanillemark herauskratzen und dazugeben.

Die Eier trennen. Die Eiweiße mit 1 Prise Salz steif schlagen. Den Rohrohrzucker nach und nach einrieseln lassen und etwa 3 Minuten weiterschlagen. Die Eigelbe einzeln unterrühren. Das Mehlgemisch über die Eiermasse sieben und mit einem Teigschaber vorsichtig unterheben.

Für eine Biskuitrolle den Teig auf das Backblech streichen oder für eine Torte in die Form geben und glatt verstreichen. Den Teig auf dem Blech im Backofen (mittlere Schiene) 10–12 Minuten backen und in der Form 25 Minuten. Für eine Biskuitrolle ein Küchentuch dünn mit Rohrohrzucker bestreuen. Den Biskuit daraufstürzen und das Backpapier abziehen. Den Biskuit mithilfe des gezuckerten Tuches aufrollen und abkühlen lassen. Danach die Biskuitrolle nach Belieben füllen. Für eine Torte den Kuchen auskühlen lassen und weiterverarbeiten.

Tipps & Tricks

Achte darauf, dass die Zutaten immer Zimmertemperatur haben.

Die Eiweiße in einer sauberen, fettfreien Schüssel immer sehr steif schlagen, bis der Eischnee schnittfest ist.

Die trockenen Zutaten wie Mehl und Speisestärke am besten immer fein durchsieben und vorsichtig unter die Eiermasse heben.

GUTE ALTERNATIVEN *zu glutenhaltigem Mehl*

Hier werden die im Buch verwendeten Mehle und Mehlmischungen mit ihren jeweiligen Charakteristika vorgestellt. Mit diesem Wissen kannst du dich nach den ersten glutenfreien Backerfahrungen auch an eigene Rezeptkreationen wagen.

Um besonders gute Backergebnisse zu bekommen, ist es ratsam, verschiedene glutenfreie Mehle mit ihren unterschiedlichen Backeigenschaften zu mischen. Es wird in der glutenfreien Bäckerei beispielsweise keine reinen Reismehl-Backwaren geben. Die Mehlmischungen in diesem Buch sind immer speziell auf das jeweilige Rezept abgestimmt. Mit ein wenig Übung kannst du aber auch ganz eigene Mischungen kreieren. Ein Rezept für eine Universal-Mehlmischung findest du unten im Kasten.

Universal-Mehlmischung

200 g Reis-Vollkornmehl

80 g Quinoa-Vollkornmehl

140 g Maisstärke

140 g Tapiokastärke

2 TL Xanthan Gum

Bei der Herstellung dieser Universalmischung oder eigener glutenfreier Mehlmischungen alle Mehlsorten in eine große Schüssel geben und mit einem Schneebesen oder auch in einer Küchenmaschine gut durchmischen, damit das Bindemittel gleichmäßig verteilt und der Teig beim Backen nicht bröselig wird.

Glutenfreies Vollkornmehl

Achte beim Kauf darauf, dass es sich bei der Ausgangszutat des Mehls um Vollkorngetreide handelt. Denn nur im vollen Korn stecken viele wertvolle Inhalts- und Ballaststoffe.

Amarant-Vollkornmehl

Es wird aus den winzigen Amarantsamen gemahlen, welche reich an wertvollen Nährstoffen sind. Am besten kaufst du es bereits fertig gemahlen. Vom Geschmack her ist es leicht erdig. Es hat ein nussiges Aroma und einen starken Eigengeschmack. Somit ist es besonders gut für Brot, Quiche oder Pizza geeignet. Nicht jeder mag diesen starken Geschmack, daher ist es empfehlenswert, Amarantmehl mit anderen Mehlen zu mischen. Es hält, in entsprechend großer Menge, die Backwaren länger frisch, benötigt allerdings etwas mehr Flüssigkeit.

Braunhirsemehl

Braunhirse ist ein als Mehl angebotenes Nahrungsergänzungsmittel im Handel erhältlich. So richtig erforscht ist sie allerdings noch nicht und auch über die Herkunft wird gestritten: Entweder handelt es sich um die Vollkornversion von Goldhirse oder um eine braune Wildsorte – die Experten sind sich uneinig. Unklar ist auch, ob sie bei übermäßigem Verzehr möglicherweise auch negative Auswirkungen auf den Körper haben könnte. Das kräftige Braunhirsemehl ist sehr gut zum Backen für rustikale Brote und Pizza geeignet.

Buchweizenmehl

Dieses Mehl ist sehr braun und dunkel und für seinen würzig-nussigen Geschmack bekannt. Daher ist es bestens für herzhaftes Backen, Brote und auch mal für Waffeln, Pfannkuchen oder kräftige Kuchen geeignet. Um sein Aroma auszugleichen, ist es gut mit Reis- oder Maismehl mischbar.

Hirse-Vollkornmehl

Hirsemehl ist eine sehr unkomplizierte glutenfreie Alternative, sie bindet lediglich viel Flüssigkeit und braucht daher viel Wasser im Teig. Dieses Mehl, gemahlen aus dem vollen Hirsekorn, eignet sich mit seinem süßlich-milden Geschmack sowohl für süßes wie auch herzhaftes Gebäck – es ist also vielseitig einsetzbar. Zudem ist Hirse ein mineralstoff- und vitaminreiches Getreide. Kombiniere das Mehl am besten mit anderen glutenfreien Mehlen.

Maismehl

Getrocknete und gewaschene Maiskörner werden zu Mehl vermahlen und das besticht rein optisch durch seine gelbe Farbe. Vor allem in der mexikanischen Küche wird viel mit Maismehl gebacken. Sein neutraler, angenehmer Geschmack eignet sich sowohl für die süße wie auch herzhafte Bäckerei. Maismehl ist sehr fein, kann mit anderen Vollkornmehlen gemischt werden, ist aber auch ungemischt für alle Teigarten wunderbar geeignet.

Quinoa-Vollkornmehl

Die Quinoapflanze kommt ursprünglich aus Südamerika. Ihre Samen werden zu Mehl vermahlen. Sie sind eiweiß- und ballaststoffreich und enthalten außerdem viel Eisen und Kalzium. SIe schmecken etwas nussig und leicht bitter mit pikantem Aroma. Daher ist auch dieses Mehl perfekt für herzhafte Teige, Brot, Pizza, aber auch für Kuchen geeignet.

Reis-Vollkornmehl

Dafür sollte das volle Korn vermahlen werden, um die wertvollen Bestandteile zu erhalten. Vor allem in Asien ist Reismehl (hier allerdings weniger das Vollkornmehl) nahezu täglich im Einsatz – sowohl in süßem wie herzhaftem Gebäck als auch in Gerichten. Beim glutenfreien Backen ist es universell einsetzbar und kann bis zu 50 Prozent der Gesamtmehlmenge ausmachen. Sein Geschmack ist eher neutral (es schmeckt jedoch intensiver als das weiße Reismehl). Dieses sehr feine Mehl ist perfekt für alle Teigarten, zum Beispiel Rühr-, Biskuit- oder Hefeteig. Besonders gut gelingen damit Brote, Kuchen und Gebäck.

Teffmehl

Teff wird auch Zwerghirse genannt. Teffmehl wird aus dem wohl kleinsten Getreidekorn gewonnen, das es weltweit gibt. Es wirkt sich positiv auf den Blutzuckerspiegel aus und ist damit auch für Diabetiker bestens geeignet. Sein Geschmack ist mild, leicht nussig und süßlich – daher ist dieses Mehl bei allen Arten von Teigen, beispielsweise für süße Backwaren wie Kuchen, Brötchen und Kekse, einsetzbar. Da das Mahlen der kleinen Körner sehr schwierig ist, bietet es sich an, fertiges Teffmehl zu kaufen, welches im Vergleich zu anderen glutenfreien Mehlen jedoch relativ teuer ist. Teffmehl besitzt im Gegensatz zu anderen glutenfreien Mehlen mehr Bindekraft, deshalb muss beim Verarbeiten viel Flüssigkeit verwendet werden.

Getreide mahlen

Manchmal findest du ein spezielles Mehl vielleicht nicht, dafür aber das ganze Korn – Reformhäuser oder Bio-Läden mahlen auf Nachfrage und gegen eine geringe Gebühr das Mehl nach deinen Wünschen und Bedürfnissen. Frag einfach mal in deinem Laden nach!

STÄRKE, BINDEMITTEL & Backtriebmittel

In der glutenfreien Bäckerei spielen Stärkemehle und Bindemittel eine besondere Rolle. Sie ersetzen das Klebereiweiß mit seinen bindenden Eigenschaften. Das eine oder andere Stärkemehl kann auch Bindemittel sein und umgekehrt.

Bei den Stärke- bzw. Bindemitteln gibt es auch Produkte, die zwar aus einer glutenhaltigen Grundzutat hergestellt werden, beispielsweise Stärke aus Weizen, aber im Endprodukt so niedrige Eiweißwerte enthalten, dass sie für Menschen mit Zöliakie verträglich gemacht wurden. Dafür gibt es spezielle Herstellungsverfahren – so können ursprünglich glutenhaltige Lebensmittel für Betroffene verwendbar gemacht werden und sind dann mit der „glutenfrei-Ähre" (siehe S. 10) gekennzeichnet.

Kartoffelstärke

Dieses Stärkemehl gibt Backwaren eine gewisse Saftigkeit und lockere Textur. Als geschmacksneutrales Mehl ist es in süßem wie auch herzhaftem Gebäck eine optimale Zutat. Es wird aus geschälten Kartoffeln gewonnen und ist von Natur aus glutenfrei. Sie ist in jedem Supermarkt erhältlich und kommt in Wasser angerührt zum Andicken von Suppen und Soßen zum Einsatz.

Maisstärke

Sie wird aus fein gemahlenem Mais gewonnen und ist natürlicherweise glutenfrei. Wie Kartoffelstärke sollte auch Maisstärke in Teigen nicht zu lange gerührt werden. Beide verlieren sonst ihre bindende Eigenschaft und werden klebrig. Die als Speisestärke im Supermarkt angebotene Maisstärke eignet sich gemischt mit anderen glutenfreien Mehlen zum Backen und zum Binden oder Andicken von Suppen, Soßen und Puddings.

Tapiokastärke

Tapiokastärke wird aus der Wurzel der Maniokpflanze hergestellt und ist von Natur aus glutenfrei. Sie verleiht den Backwaren eine tolle Farbe und eine krosse Krume. Da diese Stärke ein hohes Wasserbindungsvermögen hat, braucht der Teig etwas mehr Flüssigkeit als sonst üblich. Zu kaufen gibt es Tapioka vor allem in Asialäden.

Klebreismehl

Ebenfalls im Asialaden erhältlich ist das aus Mochi-Reis (sehr stärkehaltiger Rundkornreis aus Japan) hergestellte Klebreismehl. Es ist ein Verdickungsmittel mit besonders klebrigen Eigenschaften und sorgt in Backwaren für die nötige Bindung. Vom Geschmack her ist es neutral und wird häufig für süßes Gebäck und Kuchen verwendet.

Guarkernmehl

Es ist ein Lebensmittelzusatzstoff (E 412) und ein prima Verdickungsmittel, das aus der Hülsenfrucht Guarbohne gewonnen wird. Guarkernmehl wird nur in geringen Mengen verwendet, verleiht dem Backwerk aber ein tolles Volumen und kann zusammen mit Johannisbrotkernmehl eingesetzt werden, um die Wirkung beider Mehle noch zu verstärken.

Flohsamen

Sie werden als ganze Samen verwendet. Gemahlen werden nur die Flohsamenschalen. Als Verdickungs- und Bindemittel werden sie meist in gemahlener Form verwendet und sind im Bio-Laden erhältlich. Flohsamenschalen haben eine enorme Quellfähigkeit und geben dem glutenfreien Gebäck eine gewisse Feuchtigkeit und eine schöne Struktur.

Xanthan Gum

Es ist ein beliebtes, vielseitig einsetzbares Bindemittel (E 415), vor allem bei Einsteigern, die glutenfrei backen möchten. Denn es sorgt für eine hohe Elastizität und kann Flüssigkeiten zuverlässig binden. Allerdings darfst du nur geringe Mengen und diese wirklich gut abgemessen verwenden, da das Gebäck bei zu viel Xanthan Gum gummiartig werden kann. Xanthan kommt in der Natur als Polysaccharid (Mehrfachzucker) vor. Als Zusatzstoff wird es über ein spezielles Herstellungsverfahren aus Bakterien und einer zuckerhaltigen Lösung gewonnen.

Chia-Samen

Sie sind zurzeit als Superfood sehr beliebt und perfekt als Verdickungs- und Bindemittel. Mit heißem Wasser angerührt, entsteht ein Gel, welches man unter den Teig mischt. Chia-Samen sind ein guter Ersatz für Guarkern- oder Johannisbrotkernmehl, stecken voller Ballaststoffe und sind reich an Omega-3-Fettsäuren. Siehe auch Foto rechts.

Johannisbrotkernmehl

Der Johannisbrotbaum gedeiht in Mittelmeerländern und verbirgt in seinen Schoten die Früchte, die zu Mehl verarbeitet werden. Als Lebensmittelzusatzstoff (E 410) kommt es in vielen Nahrungsmitteln vor. Es ist wie Guarkernmehl ein rein pflanzliches Binde- und Verdickungsmittel und sorgt für großes Volumen bei Kuchen, Brot und anderem Gebäck.

Eier

Beim Backen auf Eier zu verzichten ist nur sinnvoll, wenn man sie nicht verträgt oder sich vegan ernähren möchte. Ansonsten sind sie ein perfektes Bindemittel und zugleich auch ein Lockerungsmittel, quasi eine Art Backtriebmittel. Außerdem geben sie dem Backwerk eine gewisse Feuchtigkeit. Eier lassen sich beim Backen gut durch Chia-Samen-Gel ersetzen.

Hefe

Sie ist ein natürliches Backtriebmittel und kommt als Trockenhefe oder frische Hefe zum Einsatz. In der glutenfreien Bäckerei und vor allem für Anfänger eignet sich Trockenhefe besonders gut, weil sie langsamer reagiert und Pannen kaum passieren. Bei der Verarbeitung von Hefe muss die verwendete Flüssigkeit lauwarm sein. Andere Zutaten wie Eier oder Butter sollten Zimmertemperatur haben. Meist ersetzt ein frischer Hefewürfel zwei Tütchen Trockenhefe. Beachte die Packungsangaben.

Backpulver

Als eine Mischung aus Natron und einem Säuerungsmittel wirkt Backpulver in Rührteigen als Backtriebmittel. Es lockert den Teig und erst im warmen Backofen wächst der Teig zur vollen Größe heran.

NOCH MEHR glutenfreie Backzutaten

Neben den glutenfreien Vollkornmehlen gibt es noch weitere glutenfreie Alternativen zu Mehl. Hier erfährst du etwas über ihre Eigenschaften und wofür du sie verwenden kannst. Wenn du mehr Erfahrung mit dem glutenfreien Backen hast, probiere sie am besten einfach mal aus.

Kokosmehl

Kokosmehl ist ein wunderbarer Feuchtigkeits- und Ballaststofflieferant in Backwaren aller Art. Es saugt enorm viel Flüssigkeit (etwa viermal mehr als andere Mehle) auf und sollte daher mit anderen Mehlen gemischt werden. Oftmals wird es deshalb auch als Verdickungsmittel verwendet. Wer den Geschmack von Kokos mag, kann das Mehl universell einsetzen. Es schmeckt in Brötchen, Kuchen, Kleingebäck oder leichten Brotsorten. Du kannst bis zu einem Fünftel der Mehlmenge durch Kokosmehl ersetzen.

Mandelmehl

Sowohl Mandelmehl als auch fein gemahlene Mandeln, eine günstigere Alternative, bringen Abwechslung in die glutenfreie Bäckerei. Mandeln liefern ein feines, mildes (Nuss-)Aroma, eine angenehme Feuchtigkeit und fein gemahlen sorgen sie für eine gute Textur im Gebäck. Mandelmehl sollte mit anderen Vollkornmehlen gemischt werden. Als Mischung ist es perfekt für Kuchen, Waffeln und sonstiges süßes Gebäck wie Plätzchen und Kekse. Wie Mandeln lassen sich auch andere Nüsse und Samen ganz leicht mit einer elektrischen Mühle selbst zu Mehl vermahlen und zum Backen verwenden.

Kastanienmehl

Kastanienmehl hat einen starken Eigengeschmack. Deshalb das Mehl am besten mit anderen Mehlen mischen. Es schmeckt in kräftigen süßen wie auch herzhaften Backwaren. Es wird aus Esskastanien bzw. Maronen gemahlen, hat eine dunkle Farbe und ein süßlich-kräftiges Aroma.

Kichererbsenmehl

Aus gerösteten Kichererbsen wird in einigen Ländern Kichererbsenmehl gemahlen und in vielen Gerichten, beispielsweise in Hummus, und zum Backen verwendet. Es kann vor allem auch als Verdickungsmittel und Ei-Ersatz eingesetzt werden und gibt dem Gebackenen einen kräftigen aromatisch-nussigen (Eigen-)Geschmack, eine leicht gelbliche Färbung und zusätzliche Eiweißpower. Am besten mischst du es mit anderen Mehlen. Hervorragend eignet es sich zur Herstellung von Flatbread (siehe S. 101). Neuerdings gibt es im Handel auch Mehl aus anderen Hülsenfrüchten, zum Beispiel aus grünen Erbsen oder Linsen. Diese Entwicklung ist sehr erfreulich, da diese Mehle eine sinnvolle Ergänzung für die vegetarische und vegane Küche sind.

Traubenkernmehl

Dieses Mehl ist der Joker in der Back-Trickkiste. Es ist sehr dunkel und reichhaltig und gibt Backwaren eine tolle dunkle Farbe. Es kommt allerdings nur in geringen Mengen zum Einsatz, meistens reicht davon ein Teelöffel. Als Antioxidans sagt man ihm eine gesundheitsfördernde Wirkung nach, die optimalerweise beim Backen bei hohen Temperaturen erhalten bleibt. Mit seinem herzhaften Geschmack kommt es überall dort zum Einsatz, wo ein kräftiges Aroma gewünscht ist, also beispielsweise in Broten, Pizza- oder Nudelteig.

Glutenfreie Haferflocken

Bei Hafer herrscht über die Glutenfreiheit Uneinigkeit bei den Fachleuten. Wer allerdings eindeutig als glutenfrei ausgewiesene Produkte (die durchgestrichene Ähre, das DZG-Siegel, siehe S. 10) kauft, ist auf der sicheren Seite. Und wer nicht konsequent auf Gluten verzichten muss, kann auch getrost zu diesem glutenarmen Getreide greifen. Haferflocken haben gute Backeigenschaften und geben Gebackenem eine tolle Textur und ein nussiges Aroma. Haferflockenmehl ist meist nur schwer erhältlich, viel einfacher ist es, sich Haferflocken im Naturkostladen oder Reformhaus nach Wunsch ganz fein mahlen zu lassen (siehe Tipp S. 17).

Geschroteter Leinsamen

Leinsamen wirken ähnlich wie Chia-Samen als Verdickungs- und Bindemittel, allerdings mit einer geringeren Quellwirkung. Dafür punkten die kleinen Samen mit einem hohen Ballaststoffanteil und geben vor allem herzhaften Broten eine tolle Struktur.

Nüsse, Samen und Kerne

Walnusskerne, Haselnusskerne, Pekannusskerne, Sesamsamen, Kürbiskerne, Pistazienkerne, Pinienkerne oder Sonnenblumenkerne lassen sich ganz oder grob gehackt in glutenfreie Teige integrieren.

Wichtig

Glutenfreie Teige neigen dazu, schnell krümelig zu werden, deshalb solltest du dich unbedingt an die exakten Rezeptvorgaben für Mehl und Flüssigkeiten halten, auch wenn der Teig manchmal etwas weicher als gewohnt erscheint.

HAPPY
Breakfast

SÜSSKARTOFFELWAFFELN
mit Grünkohlpesto

Diese Waffeln schmecken mit Pesto sehr herzhaft. Alle Zuckerschnuten genießen die Waffeln mit frischen Früchten und Nuss-Nugat-Creme.

Für 4 Stück

Zutaten

Für den Teig:

1 Süßkartoffel (ca. 450 g)
50 g Butter
3 Eier (Größe M)
1 EL Reis-Vollkornmehl
Salz
Sonnenblumenöl zum Einfetten

Für das Pesto:

2 Knoblauchzehen
80 g Grünkohl ohne Strunk
30 g Brunnenkresse
50 g Gruyère
40 g Walnusskerne
150 ml Olivenöl
Salz

Außerdem:

100 g grüner Thai-Spargel
einige Brunnenkresseblätter

Den Backofen auf 200 °C Ober-/Unterhitze vorheizen. Die Süßkartoffel in eine ofenfeste Form geben und mit einem scharfen Messer mehrmals einstechen. Im Backofen (mittlere Schiene) 45–60 Minuten backen. Sie ist gar, wenn Saft austritt und sie leicht in sich zusammenfällt. Wenn es schnell gehen muss, die Kartoffel schälen, grob würfeln und in einem Topf mit Wasser in 15 Minuten garen.

Inzwischen für das Pesto Knoblauch schälen. Grünkohl waschen und trocken schleudern. Brunnenkresseblätter abzupfen, waschen und trocken tupfen. Käse grob reiben. Alle Zutaten für das Pesto bis auf das Salz in einem Mixer fein pürieren, bis eine homogene Masse entsteht. Pesto mit Salz abschmecken und in ein sauberes Glas mit Deckel füllen. Das Glas verschließen und in den Kühlschrank stellen.

Die Süßkartoffel herausnehmen, längs aufschneiden, das Innere mit einem Löffel aus der Schale lösen und auskühlen lassen. Die Kartoffel in einer Schüssel zerstampfen. Butter zerlassen. Eier trennen. Eiweiße steif schlagen und den Eischnee beiseitestellen. Kartoffel, Eigelbe, flüssige Butter, Reismehl und 1 Prise Salz mit den Quirlen des Handrührgeräts glatt verrühren. Den Eischnee vorsichtig unter den Teig heben. Das Waffeleisen vorheizen.

Inzwischen den Thai-Spargel waschen, putzen und in einem Dämpfeinsatz über Wasserdampf in 2–3 Minuten bissfest garen.

Das Waffeleisen einfetten. Nach und nach Teig ins Waffeleisen geben. Den Teig verstreichen und goldbraun backen. Die Waffeln anrichten und mit dem Pesto, Brunnenkresseblättern und Thai-Spargel servieren.

QUINOA-QUARK-Brötchen

Magerquark macht nicht nur stark, sondern auch Frühstücksbrötchen so unwiderstehlich fluffig und leicht.

Für 8 Stück

Zutaten

100 g Quinoa-Vollkornmehl
40 g Amarant-Vollkornmehl
105 g Kartoffelstärke
105 g Maisstärke
1 gestr. TL Guarkernmehl
1 Päckchen Backpulver
½ TL Salz
250 g Magerquark
1 Ei
2 EL Olivenöl

Außerdem:

Quinoa-Vollkornmehl zum Arbeiten

1 TL flüssige Butter zum Bestreichen

Den Backofen auf 200 °C Ober-/Unterhitze vorheizen. Ein Backblech mit Backpapier auslegen.

Quinoa-Vollkornmehl, Amarant-Vollkornmehl, Kartoffelstärke, Maisstärke, Guarkernmehl, Backpulver und Salz in einer Schüssel gut vermischen.

In einer großen Schüssel den Magerquark mit Ei und Olivenöl verrühren. Die Mehlmischung dazugeben und alles mit den Quirlen des Handrührgeräts zu einem glatten Teig verarbeiten.

Den Teig auf einer mit Quinoa-Vollkornmehl bestäubten Arbeitsfläche zu einer Rolle formen und in acht gleich große Stücke schneiden. Die Teigstücke mit der Hand zu Brötchen formen.

Die Brötchen auf das Backblech legen und die Oberseite des Teiges mit einem Messer vorsichtig kreuzförmig einschneiden.

Die Brötchen mit flüssiger Butter bestreichen und im Backofen (mittlere Schiene) in 20 Minuten goldbraun backen. Die Brötchen herausnehmen und lauwarm genießen.

SÜSSKARTOFFELWAFFELN mit Grünkohlpesto

Diese Waffeln schmecken mit Pesto sehr herzhaft. Alle Zuckerschnuten genießen die Waffeln mit frischen Früchten und Nuss-Nugat-Creme.

Für 4 Stück

Zutaten

Für den Teig:

1 Süßkartoffel (ca. 450 g)
50 g Butter
3 Eier (Größe M)
1 EL Reis-Vollkornmehl
Salz
Sonnenblumenöl zum Einfetten

Für das Pesto:

2 Knoblauchzehen
80 g Grünkohl ohne Strunk
30 g Brunnenkresse
50 g Gruyère
40 g Walnusskerne
150 ml Olivenöl
Salz

Außerdem:

100 g grüner Thai-Spargel
einige Brunnenkresseblätter

Den Backofen auf 200 °C Ober-/Unterhitze vorheizen. Die Süßkartoffel in eine ofenfeste Form geben und mit einem scharfen Messer mehrmals einstechen. Im Backofen (mittlere Schiene) 45–60 Minuten backen. Sie ist gar, wenn Saft austritt und sie leicht in sich zusammenfällt. Wenn es schnell gehen muss, die Kartoffel schälen, grob würfeln und in einem Topf mit Wasser in 15 Minuten garen.

Inzwischen für das Pesto Knoblauch schälen. Grünkohl waschen und trocken schleudern. Brunnenkresseblätter abzupfen, waschen und trocken tupfen. Käse grob reiben. Alle Zutaten für das Pesto bis auf das Salz in einem Mixer fein pürieren, bis eine homogene Masse entsteht. Pesto mit Salz abschmecken und in ein sauberes Glas mit Deckel füllen. Das Glas verschließen und in den Kühlschrank stellen.

Die Süßkartoffel herausnehmen, längs aufschneiden, das Innere mit einem Löffel aus der Schale lösen und auskühlen lassen. Die Kartoffel in einer Schüssel zerstampfen. Butter zerlassen. Eier trennen. Eiweiße steif schlagen und den Eischnee beiseitestellen. Kartoffel, Eigelbe, flüssige Butter, Reismehl und 1 Prise Salz mit den Quirlen des Handrührgeräts glatt verrühren. Den Eischnee vorsichtig unter den Teig heben. Das Waffeleisen vorheizen.

Inzwischen den Thai-Spargel waschen, putzen und in einem Dämpfeinsatz über Wasserdampf in 2–3 Minuten bissfest garen.

Das Waffeleisen einfetten. Nach und nach Teig ins Waffeleisen geben. Den Teig verstreichen und goldbraun backen. Die Waffeln anrichten und mit dem Pesto, Brunnenkresseblättern und Thai-Spargel servieren.

Tipp

Wer es etwas würziger mag, mischt noch etwas gemahlenen Zimt unter den Teig.

COCONUT Pancakes

Der Duft von frischen Coconut Pancakes am Morgen lässt jeden Morgenmuffel sofort aus dem Bett springen.

Für 15 Stück

Zutaten

Für den Teig:

80 g Reis-Vollkornmehl

20 g Kokosmehl

50 g Maisstärke

2 EL Kokosraspel

Salz

1 Päckchen Backpulver

1 TL Flohsamen

250 ml Milch

2 EL Rohrohrzucker

1 Ei (Größe M)

Sonnenblumenöl zum Backen

Für den Belag:

Beeren nach Wahl (z. B. Erdbeeren, Brombeeren, Blaubeeren)

Ahornsirup

Reis-Vollkornmehl mit Kokosmehl, Maisstärke, Kokosraspeln, 1 Prise Salz, Backpulver und Flohsamen in einer Schüssel gut vermischen.

Dann Milch, Rohrohrzucker und Ei zu der Mehlmischung geben und alles mit den Quirlen eines Handrührgeräts zu einem glatten und geschmeidigen Teig verarbeiten.

Aus dem Teig 15 Pancakes backen. Dafür Sonnenblumenöl in einer Pfanne erhitzen, pro Pancake 1 gehäuften Esslöffel Teig in die Pfanne geben und 1 Minute backen, bis sich kleine Bläschen bilden und die Ränder leicht trocken aussehen. Dann wenden und die andere Seite in etwa 1 Minute goldbraun backen.

Die Beeren nach Wahl verlesen oder waschen und abtropfen lassen. Die Pancakes mit den Beeren und Ahornsirup servieren und genießen.

KÜRBISKERN-Bagels

Die Bagels sind zwar etwas aufwendig in der Herstellung, lassen sich aber wunderbar einfrieren und bei Bedarf im Backofen oder Toaster aufbacken.

Für 16 Stück

Zutaten

190 g Hirse-Vollkornmehl
190 g Quinoa-Vollkornmehl
320 g Kartoffelstärke
55 g Klebreismehl
2 TL Xanthan Gum
2 TL gemahlene Flohsamen
1 TL Salz
1 Päckchen Trockenhefe
1 TL Rohrohrzucker
450 ml lauwarme Milch
1 Ei (Größe M)
50 g Butter

Außerdem:

Quinoa-Vollkornmehl zum Arbeiten
Eiweiß zum Bepinseln
Kürbiskerne zum Bestreuen

Hirse-Vollkornmehl, Quinoa-Vollkornmehl, Kartoffelstärke, Klebreismehl, Xanthan, Flohsamen und Salz in eine große Schüssel geben und gut vermischen. In die Mitte eine Vertiefung drücken. Die Hefe mit dem Zucker hineingeben. Die Hälfte der lauwarmen Milch dazugeben und verrühren. Mit Frischhaltefolie abdecken und die angerührte Hefe an einem warmen Ort 15–20 Minuten gehen lassen, bis sie Blasen wirft.

Dann Ei, Butter und restliche lauwarme Milch dazugeben und alles mit den Knethaken des Handrührgeräts zu einem geschmeidigen Teig kneten. Den Teig abdecken und weitere 15 Minuten gehen lassen.

Den Teig auf einer bemehlten Arbeitsfläche zu einer Rolle formen und in 16 Stücke teilen. Die Teiglinge zu Bagels formen und mit einem Holzlöffelstiel ein Loch in jedes Teigstück stechen. Die Bagels auf ein mit Quinoa-Vollkornmehl bestäubtes Backblech legen, mit Frischhaltefolie abdecken und an einem warmen Ort 20–30 Minuten gehen lassen.

Inzwischen in einem Topf Wasser aufkochen. Die Bagels nacheinander in das leicht kochende Wasser legen. Nach 1 Minute die Bagels mit einem Schaumlöffel wenden und die andere Seite 1 Minute garen.

Den Backofen auf 220 °C Ober-/Unterhitze vorheizen. Ein Backblech mit Backpapier auslegen.

Die Bagels mit einem Schaumlöffel herausnehmen, abtropfen lassen und auf das Backblech legen. Die Oberfläche mit Eiweiß bepinseln und mit Kürbiskernen bestreuen.

Auf dem Boden des Ofens eine feuerfeste Form mit Wasser stellen. Die Bagels im Backofen (mittlere Schiene) in 15–18 Minuten goldbraun backen. Die Bagels aus dem Ofen nehmen und auskühlen lassen.

Tipp

Den Auflauf am Abend vorher zubereiten, im Kühlschrank ziehen lassen und am nächsten Morgen gleich nach dem Aufstehen backen.

OVERNIGHT BERRY French Toast

Oh, là, là! Es gibt French Toast zum Frühstück, mit frischen Beeren und einer süßen Mascarponecreme.

Für 1 Auflaufform (15 x 22 cm)

Zutaten

6 Eier (Größe M)

200 g Mascarpone

200 ml Milch

70 g Rohrohrzucker

½ TL gemahlener Zimt

Salz

1 Vanilleschote

12 Scheiben glutenfreies Toastbrot (siehe S. 113)

250 g gemischte Beeren (z. B. Heidelbeeren, Himbeeren, Brombeeren)

Außerdem:

Butter zum Einfetten

Puderzucker zum Bestreuen

Eine Auflaufform mit Butter einfetten.

Eier, Mascarpone, Milch, Rohrohrzucker, Zimt und 1 Prise Salz in eine Schüssel geben. Die Vanilleschote längs aufschneiden und das Vanillemark mit einem Messer herauskratzen und dazugeben. Alles mit den Quirlen des Handrührgeräts cremig verrühren.

Das Toastbrot in die Auflaufform schichten. Die Beeren verlesen. Die Mascarponecreme mit der Hälfte der Beeren mischen und auf dem Toast verteilen. Die Form mindestens 2 Stunden (am besten über Nacht) in den Kühlschrank stellen und den Toast ziehen lassen.

Backofen auf 175 °C Ober-/Unterhitze vorheizen. Den French Toast mit den restlichen Beeren bestreuen und im Ofen (mittlere Schiene) in 40–50 Minuten goldbraun backen. Die Form herausnehmen und den Auflauf auskühlen lassen. Mit Puderzucker bestreuen und genießen.

HIMBEER-Scones

Getrocknete Himbeeren verleihen den Scones ein besonders beeriges Aroma. Und frisch aus dem Ofen schmecken sie am allerbesten.

Für 7–8 Stück

Zutaten

175 g Reis-Vollkornmehl
80g Kartoffelmehl
80 Tapiokastärke
½ TL Salz
1 Päckchen Backpulver
½ TL Xanthan Gum
2 TL Flohsamen
30 g weiche Butter
65 g Rohrohrzucker
2 Eier (Größe M)
50 ml Haselnussmilch
10 g gefriergetrocknete Himbeeren

Außerdem:

1 Eigelb zum Bestreichen
1 EL Rohrohrzucker zum Bestreuen

Den Backofen auf 220 °C Ober-/Unterhitze vorheizen. Ein Backblech mit Backpapier auslegen.

Reis-Vollkornmehl, Kartoffelmehl, Tapiokastärke, Salz, Backpulver, Xanthan und Flohsamen in einer Schüssel gut vermischen.

Weiche Butter, Rohrohrzucker und Eier in einer Schüssel mit den Quirlen des Handrührgeräts cremig rühren. Die Mehlmischung und Haselnussmilch unter die Butter-Eier-Masse rühren, bis ein geschmeidiger Teig entsteht. Die gefriergetrockneten Himbeeren unter den Teig rühren.

Den Teig mit leicht feuchten Händen zu Scones formen und mit etwas Abstand auf dem Backblech verteilen. Die Scones mit Eigelb bestreichen und mit Rohrohrzucker bestreuen. Die Scones im Backofen (mittlere Schiene) in 15–18 Minuten goldbraun backen. Dann herausnehmen und abkühlen lassen.

RHABARBER-Erdbeer-Crumble

Warmer Rhabarber und süße Erdbeeren unter einer knusprigen Haferflocken-Mandel-Kruste versprechen Hochgenuss pur.

Für 6 Tarteförmchen (à 10 cm Ø)

Zutaten

60 g Rohrohrzucker
1 Vanilleschote
200 g Rhabarber
200 g Erdbeeren

Für die Streusel:

60 g kalte Butter
75 g glutenfreie Haferflocken
30 g Rohrohrzucker

Außerdem:

Butter zum Einfetten
2 EL Mandelblättchen

Den Backofen auf 200 °C Ober-/Unterhitze vorheizen. Die Tarteförmchen mit Butter einfetten.

Den Rohrohrzucker in ein Schälchen geben. Die Vanilleschote längs aufschneiden und das Vanillemark mit einem Messer herauskratzen und dazugeben.

Den Rhabarber putzen, eventuell dabei die Fäden abziehen und die Rhabarberstangen in grobe Stücke schneiden. Die Erdbeeren waschen, putzen und halbieren.

Für die Streusel die kalte Butter mit Haferflocken und Rohrohrzucker in einer Schüssel mit den Händen zu Streuseln verkneten.

Rhabarber und Erdbeeren in die Tarteförmchen füllen. Die Früchte mit Haferflockenstreuseln und Mandelblättchen bestreuen. Dann im Backofen (mittlere Schiene) 25–30 Minuten backen. Den Crumble aus dem Ofen nehmen und warm servieren.

VANILLE-KOKOS-DONUTS
mit Brombeerglasur

Wenn Vanille-Kokos-Donuts mit Brombeeren und Puderzucker flirten, kann das nur besonders köstlich werden.

Für 6 Stück

Zutaten

Für die Donuts:

30 g Reis-Vollkornmehl
90 g Kartoffelmehl
30 g Kokosmehl
1 TL Backpulver
1 TL Xanthan Gum
1 TL Flohsamen
Salz
1 Vanilleschote
80 g Rohrohrzucker
80 ml Sonnenblumenöl
2 Eier (Größe M)
5 EL Milch

Für die Glasur:

50 g Brombeeren
100 g Puderzucker

Außerdem:

Sonnenblumenöl zum Einfetten
Spritzbeutel mit Sterntülle
2 EL Heidelbeeren
2 EL Kokosflocken

Den Backofen auf 200 °C Ober-/Unterhitze vorheizen. Eine Donut-Backform mit Sonnenblumenöl einfetten.

Für die Donuts Reis-Vollkornmehl, Kartoffelmehl, Kokosmehl, Backpulver, Xanthan, Flohsamen und 1 Prise Salz in einer großen Schüssel gut vermischen. Die Vanilleschote längs aufschneiden und das Vanillemark herauskratzen und dazugeben.

Dann den Rohrohrzucker, Sonnenblumenöl, Eier und Milch hinzufügen und alles zu einem geschmeidigen Teig verarbeiten. Den Teig in einen Spritzbeutel mit großer Sterntülle füllen und in die Backform spritzen.

Die Donuts im Backofen (mittlere Schiene) in 10–12 Minuten goldbraun backen. Anschließend die Donuts herausnehmen und auf einem Kuchenrost vollständig auskühlen lassen.

Inzwischen für die Glasur die Brombeeren verlesen, pürieren und mit dem Puderzucker verrühren. Die Donuts damit bestreichen. Die Glasur kurz antrocknen lassen, dann mit Heidelbeeren und Kokosflocken dekorieren und vollständig trocknen lassen.

Tipp

Wer möchte, streut zum Schluss noch Schokotröpfchen oder gehackte Zartbitterschokolade obendrauf.

SCHNELLER *Tassenkuchen*

Wenn's morgens mal wieder schnell gehen muss und der Heißhunger Süßes verlangt, ist dieser Tassenkuchen eine gute Wahl.

Für 2 Tassen à 250 ml

Zutaten

1 Ei (Größe M)

2 EL Milch

2 EL Sonnenblumenöl

2 EL Puderzucker

1 EL Kakaopulver

2 EL Reis-Vollkornmehl

½ TL Backpulver

1 gehäufter EL Nuss-Nugat-Creme

1 EL Schokotröpfchen (wahlweise gehackte Zartbitterschokolade)

Salz

Ei, Milch, Öl, Puderzucker, Kakaopulver, Reis-Vollkornmehr, Backpulver, Nuss-Nugat-Creme, Schokotröpfchen und 1 Prise Salz in eine kleine Schüssel geben. Alles mit einem Esslöffel gut verrühren.

Die Masse in zwei Tassen füllen. Die Tassen in die Mikrowelle stellen und den Teig bei 800 Watt 2 Minuten backen. Die Tassen herausnehmen und den Kuchen warm genießen.

SÜSSES Kirschbrot

Süßes Kirschbrot mit knackigen Cashewkernen und einem Hauch von Zimt ist einfach unwiderstehlich und superlecker.

Für 1 Kastenform (30 cm Länge)

Zutaten

100 g Reis-Vollkornmehl
50 g Kokosmehl
40 g Quinoa-Vollkornmehl
80 g Tapiokastärke
1 TL Xanthan Gum
1 Päckchen Backpulver
Salz
80 g Rohrohrzucker
1 TL gemahlener Zimt
2 Bananen
1 Ei (Größe M)
250 ml Milch
135 g getrocknete Kirschen
50 g Cashewkerne

Den Backofen auf 180 °C Ober-/Unterhitze vorheizen. Eine Kastenform mit Backpapier auslegen.

Reis-Vollkornmehl, Kokosmehl, Quinoamehl, Tapiokastärke, Xanthan, Backpulver, 1 Prise Salz, Rohrohrzucker und Zimt in einer Schüssel gut vermischen. Die Bananen schälen und mit einer Gabel fein zerdrücken.

Zerdrückte Bananen, Ei und Milch zu dem Mehlgemisch geben und alles gut verrühren. Die getrockneten Kirschen und Cashewkerne dazugeben und unter den Teig rühren.

Den Teig in die Kastenform füllen und im Backofen (mittlere Schiene) in 40 Minuten goldbraun backen. Das Kirschbrot aus dem Backofen nehmen, aus der Form lösen und auf einem Kuchenrost vollständig auskühlen lassen.

Tipp

In Scheiben geschnitten, lässt sich das Kirschbrot im Ganzen oder portionsweise einfrieren und bei Bedarf einfach im Toaster aufbacken.

KRÜMEL-parade

LEMON SHORTBREADS
mit Lavendel

Nicht ganz typisch englisch! Mit Lavendel und Zitrone aufgepeppt, erstrahlt das beliebte Shortbread in neuem Gewand.

Für 12–15 Stück

Zutaten

- 100 g Maismehl
- 50 g Quinoa-Vollkornmehl
- 110 g Reis-Vollkornmehl
- 1 TL Flohsamen
- 1 Bio-Zitrone
- 1 Ei (Größe M)
- 90 g Rohrohrzucker
- 170 g weiche Butter
- 1 TL frisch gehackter Lavendel

Außerdem:

- Quinoa-Vollkornmehl zum Arbeiten
- Lavendel (nach Wahl)

Maismehl, Quinoa-Vollkornmehl, Reis-Vollkornmehl und Flohsamen in einer Schüssel gut vermischen. Die Zitrone heiß waschen, abtrocknen und die Schale abreiben.

Ei, Rohrohrzucker, weiche Butter, Zitronenabrieb und Lavendel zum Mehlgemisch geben und zu einem geschmeidigen Teig verkneten. Den Teig mit Frischhaltefolie umwickeln und mindestens 1 Stunde in den Kühlschrank legen.

Den Backofen auf 150 °C Ober-/Unterhitze vorheizen. Ein Backblech mit Backpapier auslegen.

Den gekühlten Teig auf einer leicht bemehlten Arbeitsfläche etwa 1,5 cm dick ausrollen. Aus dem Teig mit einem Ausstecher von 5 cm Durchmesser 12–15 runde Plätzchen ausstechen und mit etwas Abstand auf das Backblech setzen. Nach Wahl die Plätzchen noch mit Lavendel dekorieren. Im Backofen (mittlere Schiene) in 20–25 Minuten goldbraun backen. Die Shortbreads herausnehmen und auf einem Kuchenrost vollständig abkühlen lassen.

OREO COOKIES mit Kokos

Oreo Cookies sind ein absolutes Must-Have aus meiner Kindheit. Und verfeinert mit einer leichten Kokosnote, schmecken sie jedem gleich noch mal so gut.

Für 25 Stück

Zutaten

Für die Cookies:

135 g Reis-Vollkornmehl
90 g Kakaopulver
1 TL Johannisbrotkernmehl
2 TL Flohsamen
Salz
½ TL Backpulver
1 Päckchen Vanille-Extrakt (z. B. Dr. Oetker Finesse)
170 g Rohrohrzucker
115 g kalte Butter
2 Eier (Größe M)

Für die Füllung:

4 EL Kokosöl, geschmolzen
120 g Puderzucker
½ Vanilleschote
30 g Kokosraspel

Für die Cookies Reis-Vollkornmehl, Kakaopulver, Johannisbrotkernmehl, Flohsamen, 1 Prise Salz, Backpulver und Vanille-Extrakt in einer großen Schüssel gut vermischen.

Rohrohrzucker, kalte Butter in Stückchen und Eier hinzufügen und alles schnell zu einem glatten Teig verarbeiten. Den Teig in Frischhaltefolie wickeln und 1 Stunde in den Kühlschrank legen.

Den Backofen auf 160 °C Ober-/Unterhitze vorheizen. Ein Backblech mit Backpapier auslegen.

Den gekühlten Teig zwischen zwei Lagen Frischhaltefolie etwa 0,5 cm dick ausrollen. Aus dem Teig mit einem Ausstecher von 3 cm Durchmesser 50 Kreise ausstechen und mit etwas Abstand auf das Backblech legen. Im Backofen (mittlere Schiene) etwa 20 Minuten backen. Die Kekse herausnehmen und vollständig auskühlen lassen.

Für die Füllung Kokosöl mit Puderzucker und 2 Esslöffeln Wasser glatt verrühren. Die Vanilleschote längs aufschneiden und das Vanillemark mit einem Messer herauskratzen. Vanillemark und Kokosraspel nach und nach unter die Mischung rühren.

Die Kekse auf einer Arbeitsfläche auslegen und die Füllung mit einem Teelöffel auf 25 Keksböden verteilen und mit einem weiteren Keks abdecken. Die Kekse mindestens 1 Stunde 30 Minuten trocknen lassen, bis die Füllung vollständig fest ist.

Tipp
Zwischen den Cookies genügend Platz lassen, da sie beim Backen auseinanderlaufen. Wenn du gleich die doppelte Menge backen möchtest, den Teig zwischen den Backvorgängen im Kühlschrank parken. Dann zum Auskühlen das Backpapier mit den Cookies vom Blech ziehen und das Blech mit frischem Backpapier auslegen.

PEANUT BUTTER Chocolate Chip Cookies

„Me want cookie" ruft das Cookiemonster in der Sesamstraße, und schwups sind die noch warmen Kekse verschwunden.

Für 12–15 Stück

Zutaten

- 50 g Amarant-Vollkornmehl
- 20 g Reis-Vollkornmehl
- 105 g Kartoffelstärke
- 1 gestr. TL Guarkernmehl
- 2 TL Backpulver
- 1 Vanilleschote
- 50 g weiche Butter
- 50 g Erdnussbutter
- 1 Ei (Größe M)
- 150 g Rohrohrzucker
- 100 g Zartbitterschokolade (wahlweise Schokoladentröpfchen)

Den Backofen auf 190 °C Ober-/Unterhitze vorheizen. Ein Backblech mit Backpapier auslegen.

Amarant-Vollkornmehl, Reis-Vollkornmehl, Kartoffelstärke, Guarkernmehl und Backpulver in einer großen Schüssel gut vermischen. Die Vanilleschote mit einem Messer längs aufschneiden und das Vanillemark herauskratzen und dazugeben.

Weiche Butter mit Erdnussbutter, Ei und Rohrohrzucker in einer weiteren Schüssel mit den Quirlen des Handrührgeräts cremig rühren.

Die Schokolade hacken. Schokolade und Mehlgemisch zu der Butter-Zucker-Masse geben und alles zu einem geschmeidigen Teig verarbeiten. Den Teig mit Frischhaltefolie abdecken und mindestens 30 Minuten in den Kühlschrank stellen.

Dann den Teig mit einem Löffel zu walnussgroßen Kugeln formen und mit ausreichend Abstand auf das Backblech setzen. Im Backofen (mittlere Schiene) 2 Minuten backen. Die Cookies herausnehmen und auf dem Backblech auskühlen lassen.

TIM TAMS mit Quinoa

Tim Tams kennt in Australien jedes Kind. Kein Wunder, denn diese Kultkekse sind soooooo lecker!

Für 9 Stück

Zutaten

Für den Teig:

100 g Quinoa-Vollkornmehl
35 g Amarant-Vollkornmehl
1 TL Johannisbrotkernmehl
2 TL Flohsamen
1 Vanilleschote
1 Ei (Größe M)
90 g Kakaopulver
115 g Rohrohrzucker
Salz
115 g kalte Butter

Außerdem:

125 g Nuss-Nugat-Creme
2–3 EL gepuffter Quinoa
250 g Zartbitterschokolade

Quinoamehl, Amarantmehl, Johannisbrotkernmehl und Flohsamen in einer Schüssel gut vermischen. Die Vanilleschote längs aufschneiden und das Vanillemark mit einem Messer herauskratzen und dazugeben.

Ei, Kakaopulver, Rohrohrzucker, 1 Prise Salz und kalte Butter in Stückchen dazugeben und mit den Knethaken des Handrührgeräts zu einem geschmeidigen Teig verkneten. Den Teig in Frischhaltefolie wickeln und 1 Stunde in den Kühlschrank legen.

Inzwischen den Backofen auf 180 °C Ober-/Unterhitze vorheizen. Ein Backblech mit Backpapier auslegen.

Den Teig zwischen zwei Lagen Frischhaltefolie etwa 0,5 cm dick auf eine Größe von 25 x 25 cm ausrollen. Den Teig mit einem Messer in sechs etwa 4 cm breite Streifen schneiden und diese in drei Teile schneiden. Die Teigrechtecke auf das Backblech legen und im Backofen (mittlere Schiene) 10–15 Minuten backen.

Die Kekse herausnehmen und auf dem Backblech kurz auskühlen lassen, dann auf einem Kuchenrost vollständig auskühlen lassen.

Die Hälfte der ausgekühlten Kekse erst mit der Nuss-Nugat-Creme bestreichen, dann mit Quinoa bestreuen. Jede Hälfte mit den übrigen Keksen bedecken. Die Schokolade in Stücken in eine Schüssel geben und über dem heißen Wasserbad schmelzen lassen. Die Kekse damit vollständig überziehen und auf einem Kuchenrost trocknen lassen.

Tipp

Die fertigen Tim Tams halten sich in einer luftdicht verschlossenen Vorratsdose mehrere Tage.

Tipp

Chocolate Chip Cookie am besten mit einem großen Löffel aus der Pfanne löffeln. Wer möchte, serviert den Keks mit Vanilleeis obendrauf.

SKILLET CHOCOLATE *Chip Cookie*

Ein gigantisch großer Chocolate Chip Cookie, der keine Wünsche offenlässt. Einfach ein gebackener Traum!

Für 1 gusseiserne Pfanne (24 cm Ø)

Zutaten

Für den Teig:

80 g Butter
60 g Reis-Vollkornmehl
1 gestr. TL Backpulver
45 g Maisstärke
20 g Kokosmehl
35 g Klebreismehl
Salz, 1 EL Flohsamen
1 Päckchen Vanille-Extrakt (z. B. Dr. Oetker Finesse)
100 g Zartbitterschokolade (wahlweise Schokoladentröpfchen)
2 Eier (Größe M)
180 g Rohrohrzucker

Den Backofen auf 175 °C Ober-/Unterhitze vorheizen. Die Butter in einem kleinen Topf zerlassen.

Reis-Vollkornmehl, Backpulver, Maisstärke, Kokosmehl, Klebreismehl, 1 Prise Salz, Flohsamen und Vanille-Extrakt in eine große Schüssel geben und gut miteinander mischen.

Die Schokolade hacken. Schokolade, Eier und Rohrohrzucker zum Mehlgemisch geben. Alles zu einem geschmeidigen Teig verarbeiten. Den Teig gleichmäßig in die Pfanne füllen und im Backofen (mittlere Schiene) 15–20 Minuten backen. Den Cookie herausnehmen und sofort mit einem Esslöffel servieren.

Wichtig! Der Keks ist kein Kuchen und sollte daher schön weich sein.

CHOCOLATE CASHEW Cantuccini

Italienische Cantucci mal ganz anders. Statt Mandeln kommen Cashewkerne und Schokolade in den Teig.

Für 20 Stück

Zutaten

100 g Reis-Vollkornmehl
20 g Kokosmehl
80 g Kartoffelmehl
1 TL Backpulver
1 TL Xanthan Gum
Salz
2 EL Kakaopulver
1 Päckchen Vanille-Extrakt (z. B. Dr. Oetker Finesse)
60 g Zartbitterschokolade
100 g Rohrohrzucker
2 Eier (Größe M)
25 g kalte Butter
100 g Cashewkerne

Außerdem:
Mehl zum Arbeiten

Reis-Vollkornmehl, Kokosmehl, Kartoffelmehl, Backpulver, Xanthan, 1 Prise Salz, Kakaopulver und Vanille-Extrakt in eine Schüssel geben und gut vermischen.

Die Schokolade hacken. Schokolade, Rohrohrzucker, Eier und kalte Butter in Stückchen zum Mehlgemisch geben und alles zu einem geschmeidigen Teig verarbeiten. Die Cashewkerne unter den Teig kneten. Den Teig in Frischhaltefolie wickeln und mindestens 2 Stunden in den Kühlschrank legen.

Den Backofen auf 200 °C Ober-/Unterhitze vorheizen. Ein Backblech mit Backpapier auslegen.

Den Teig auf einer Arbeitsfläche halbieren. Die Teighälften mit bemehlten oder feuchten Händen jeweils zu einer Rolle à 20 cm Länge formen. Die Teigrollen auf das Backblech legen und im Backofen (mittlere Schiene) 25 Minuten backen. Dann aus dem Backofen nehmen und die Rollen gut auskühlen lassen.

Die Rollen mit einem sehr scharfen Messer in jeweils 10 Stücke schneiden und erneut auf dem Backblech verteilen. Die Cantuccini im heißen Backofen weitere 10 Minuten backen. Danach aus dem Ofen nehmen und die Cantuccini auf einem Kuchenrost auskühlen lassen.

Tipp

Das traditionelle Mandelgebäck wird doppelt gebacken, wodurch es mürbe und haltbar gemacht wird. Es lässt sich in einer luftdicht verschlossenen Keksdose etwa 10 Tage aufbewahren.

Tipps:

In einer luftdicht verschlossenen Vorratsdose halten sich die Kekse besonders gut. Wer es nussig mag, gibt noch 50 g fein gehackte Walnüsse unter den Teig.

CRINKLE cookies

Der unscheinbare Schokoladenteig offenbart seine wahre Schönheit erst beim Backen und entlockt jedem beim Naschen ein entzücktes Ah! und Oh!.

Für 20 Stück

Zutaten

2 TL Backpulver
120 g Reis-Vollkornmehl
30 g Kokosmehl
90 g Maisstärke
1 TL Xanthan Gum
Salz
1 Vanilleschote
120 g Kakaopulver
380 g Rohrohrzucker
100 ml Sonnenblumenöl
4 Eier (Größe M)
75 g Puderzucker

Backpulver, Reis-Vollkornmehl, Kokosmehl, Maisstärke und Xanthan und 1 Prise Salz in einer großen Schüssel gut vermischen. Die Vanilleschote längs aufschneiden und das Vanillemark mit einem Messer herauskratzen und dazugeben.

In der Schüssel einer Küchenmaschine Kakaopulver, Rohrohrzucker und Sonnenblumenöl auf mittlerer Stufe cremig rühren. Dann ein Ei nach dem anderen unter die Masse rühren.

Die Mehlmischung dazugeben und unterrühren, bis alles gut miteinander verbunden ist. Die Schüssel mit Frischhaltefolie abdecken und den Teig mindestens 4 Stunden in den Kühlschrank stellen.

Den Backofen auf 175 °C Ober-/Unterhitze vorheizen. Ein Backblech mit Backpapier auslegen.

Den Puderzucker auf einen Teller sieben. Den gekühlten Teig mit einem Löffel zu walnussgroßen Kugeln formen. Die Teigkugeln in dem Puderzucker wenden und mit etwas Abstand auf das Backblech legen. Im Backofen (mittlere Schiene) 10 Minuten backen. Die Kekse herausnehmen und 10 Minuten auf dem Backblech ruhen lassen, anschließend auf einem Kuchenrost vollständig auskühlen lassen.

NUSSMIX-
Schnitten

Diese leckeren nussigen Rechtecke schmecken jedem. Der Mix aus Walnusskernen, Pekannuss- und Kürbiskernen macht nicht nur Eichhörnchen ganz verrückt.

Für 20 Stück

Zutaten

Für den Teig:

140 g Maismehl
110 g Tapiokastärke
2 TL Xanthan Gum
Salz
100 g Rohrohrzucker
200 g kalte Butter
1 Ei (Größe M)

Für den Belag:

80 g Butter
1 Vanilleschote
60 g Honig
80 g Rohrohrzucker
100 g gemahlene Haselnusskerne
100 g Walnusskerne
100 g Pekannusskerne
50 g Kürbiskerne
3 gehäufte EL Aprikosenmarmelade

Für den Teig Maismehl, Tapiokastärke, Xanthan und 1 Prise Salz in einer Schüssel gut vermischen. Die restlichen Zutaten für den Teig hinzufügen und schnell zu einem glatten Teig verarbeiten. Den Teig in Frischhaltefolie wickeln und 1 Stunde in den Kühlschrank legen.

Für den Belag die Butter in einer Pfanne zerlassen. Die Vanilleschote längs aufschneiden und das Mark herauskratzen und dazugeben. Den Honig und Rohrohrzucker ebenfalls in die Pfanne geben und alles zu einer homogenen Masse verrühren. Die gemahlenen Haselnüsse unterrühren. Zum Schluss Nüsse und Kürbiskerne unterheben.

Den Backofen auf 200 °C Ober-/Unterhitze vorheizen. Ein Backblech mit Backpapier auslegen. Den Teig auf das Backpapier legen, mit einer Lage Frischhaltefolie bedecken und zu einem 20 x 30 cm großen Rechteck ausrollen.

Den Teig mit der Marmelade bestreichen, dann die Nussmasse darauf verteilen. Im Backofen (mittlere Schiene) in 20–25 Minuten goldbraun backen. Den Kuchen herausnehmen und auf dem Blech vollständig auskühlen lassen. Anschließend in 20 Rechtecke schneiden.

SPEKULATIUS-Cashew-Kisses

Zu Weihnachten bekommt Santa Claus heiße Küsschen und ein Tütchen mit leckeren Spekulatius-Cashew-Kisses geschenkt.

Für 22 Stück

Zutaten

Für den Teig:

2 Eier (Größe M)
Salz
1 Vanilleschote
150 g Cashewkernmus
125 g Rohrohrzucker
160 g gemahlene Mandeln
½ TL Spekulatiusgewürz

Außerdem:

3 EL Aprikosenmarmelade
75 g Mandelblättchen

Den Backofen auf 160 °C Ober-/Unterhitze vorheizen. Ein Backblech mit Backpapier auslegen.

Für den Teig die Eier trennen. Die Eiweiße mit 1 Prise Salz steif schlagen. Die Vanilleschote längs aufschneiden und das Vanillemark mit einem scharfen Messer herauskratzen. Vanillemark mit Cashewkernmus, Rohrohrzucker, gemahlenen Mandeln, Spekulatiusgewürz und Eigelben in eine Schüssel geben und cremig rühren.

Den Eischnee vorsichtig unter die Masse heben. Aus dem Teig mit einem Teelöffel Bällchen abstechen und mit etwas Abstand auf dem Backblech verteilen. Den Teig etwa 1 cm flach drücken, mit Aprikosenmarmelade bestreichen und mit Mandelblättchen bestreuen.

Die Kekse im Backofen (mittlere Schiene) in 20–30 Minuten goldbraun backen. Dann herausnehmen und 5 Minuten auf dem Backblech auskühlen lassen. Anschließend auf einem Kuchenrost vollständig auskühlen lassen. Die Kekse zwischen Backpapierlagen in einem luftdicht verschlossenen Behälter aufbewahren.

KUCHEN-
sause

ROTE-BETE-
Beeren-Torte

Rote Bete, dieser farbintensive Gemüseschelm, hat sich unter den Teig geschummelt und macht den Tortenboden besonders saftig.

Für 1 Springform (18 cm Ø)

Zutaten

Für den Teig:

50 g Reis-Vollkornmehl

75 g Tapiokastärke

½ gestr. TL Guarkernmehl

½ Päckchen Backpulver

50 g Kakaopulver

Salz

175 g Rohrohrzucker

1 Vanilleschote

45 g Zartbitterschokolade

150 g Rote Beten (vakuumverpackt)

100 ml Sonnenblumenöl

3 Eier (Größe M)

Außerdem:

Butter zum Einfetten

gemahlene Haselnusskerne zum Ausstreuen

350 g frische Beeren (z. B. Himbeeren oder Erdbeeren)

200 g Sahne

2 TL Rohrohrzucker

Den Ofen auf 180 °C Ober-/Unterhitze) vorheizen. Eine Springform mit Butter einfetten und mit gemahlenen Haselnüssen ausstreuen.

Reis-Vollkornmehl, Tapiokastärke, Guarkernmehl, Backpulver, Kakaopulver, 1 Prise Salz und Rohrohrzucker in einer Schüssel gut vermischen. Die Vanilleschote längs aufschneiden und das Mark mit einem Messer herauskratzen und dazugeben.

Die Schokolade grob hacken. Die Rote Beten mit Sonnenblumenöl in einem Mixer fein pürieren. Die Eier einzeln untermixen. Den Rote-Bete-Mix mit dem Mehlgemisch zu einem glatten Teig verarbeiten. Die Schokolade vorsichtig unterrühren.

Den Teig in die Springform füllen und im Backofen (mittlere Schiene) 55–65 Minuten backen. Am Ende der Backzeit die Stäbchenprobe machen (siehe S. 12).

Den Kuchen im ausgeschalteten Backofen bei geöffneter Ofentür auskühlen lassen und danach aus der Form lösen. Den Kuchen einmal waagerecht durchschneiden.

Die Beeren verlesen, waschen und trocknen tupfen. Sahne und Rohrohrzucker in einem hohen Gefäß mit den Quirlen des Handrührgeräts steif schlagen und den unteren Boden damit bestreichen. Drei Viertel der Beeren darauf verteilen. Den oberen Boden auflegen. Die Torte mit der restlichen Sahne bestreichen, mit den übrigen Beeren hübsch dekorieren und kalt stellen.

MINI-NUGAT-Cupcakes

In einem Haps sind die kleinen verführerischen Cupcakes im Mund verschwunden. Das kann doch wirklich keine Sünde sein!

Für 24 Stück

Zutaten

Für die Muffins:

50 g fein gemahlene Haselnusskerne

1 TL Backpulver

70 g Reis-Vollkornmehl

100 g Kartoffelstärke

½ TL Guarkernmehl, Salz

100 g weiche Butter

75 g Rohrohzucker

1 Päckchen Vanille-Extrakt

1 Ei (Größe M)

125 g Buttermilch

Für das Frosting:

125 g Frischkäse

150 g Nuss-Nugat-Creme

Außerdem:

24er-Mini-Muffinbackform

24 Mini-Papierbackförmchen

Spritzbeutel mit Lochtülle

2 EL Kakao-Nibs

Minzeblättchen (nach Belieben)

Die Mulden der Mini-Muffinbackform mit Papierbackförmchen auslegen. Den Backofen auf 180 °C Ober-/Unterhitze vorheizen.

Für die Muffins die gemahlenen Haselnüsse, das Backpulver, das Reis-Vollkornmehl, die Kartoffelstärke, das Guarkernmehl und 1 Prise Salz in einer Schüssel gut vermischen.

Weiche Butter, Rohrohrzucker, Vanille-Extrakt, Ei und Buttermilch in einer zweiten Schüssel glatt verrühren. Die Mehlmischung unter die Butter-Zucker Mischung rühren, bis ein geschmeidiger Teig entsteht.

Den Teig in die Mulden der Form füllen und im Backofen (mittlere Schiene) in 20 Minuten goldbraun backen. Die Muffins aus dem Ofen nehmen und auf einem Kuchenrost vollständig auskühlen lassen.

Inzwischen Frischkäse und Nuss-Nugat-Creme in einer Schüssel mit den Quirlen des Handrührgeräts cremig rühren. Die Creme in einen Spritzbeutel mit Lochtülle füllen und kleine Tuffs auf die Muffins spritzen. Die Cupcakes mit Kakao-Nibs und nach Belieben mit Minzeblättchen dekorieren und genießen.

EKCO
1060
CHICAGO

BLUEBERRY CARAMEL coconut cake

Blumen ranken sich elfenhaft um das Heidelbeer-Brombeer-Törtchen und beide warten auf ihren feierlichen Auftritt.

Für 1 Springform (18 cm Ø)

Zutaten

Für den Biskuit:

40 g Reis-Vollkornmehl
80 g Speisestärke
½ TL Backpulver
1 TL Xanthan Gum
1 Vanilleschote
3 Eier (Größe M)
Salz
115 g Rohrohrzucker

Für die Creme:

2 Dosen Kokosmilch
2 TL Rohrohrzucker

Außerdem:

600 g Brombeeren und Heidelbeeren
5–6 EL Karamellcreme (z. B. Creme Bonne Maman®)
Blumendeko (nach Belieben, z. B. Pfingstrosen)

Für die Creme die Kokosmilch über Nacht in den Kühlschrank stellen.

Den Backofen auf 200 °C Ober-/Unterhitze vorheizen. Eine Springform mit Backpapier auslegen.

Reismehl, Speisestärke, Backpulver und Xanthan in einer Schüssel gut vermischen. Die Vanilleschote längs aufschneiden und das Vanillemark herauskratzen und dazugeben. Eier trennen. Eiweiße mit 1 Prise Salz steif schlagen. Rohrohrzucker nach und nach einrieseln lassen und etwa 3 Minuten weiterschlagen. Dann die Eigelbe einzeln unterrühren.

Das Mehlgemisch über die Eiermasse sieben und mit einem Teigschaber vorsichtig unterheben. Den Teig in die Springform füllen und im Backofen (mittlere Schiene) 25–30 Minuten backen. Am Ende der Backzeit die Stäbchenprobe machen (siehe S. 12).

Den Biskuitboden aus dem Ofen nehmen, aus der Form lösen und auf einem Kuchenrost vollständig auskühlen lassen. Den Boden zweimal waagerecht durchschneiden. Die Beeren verlesen.

Die feste Kokosmilch von dem flüssigen Teil trennen und mit Rohrohrzucker cremig rühren. Den unteren Boden mit einem Drittel Kokoscreme bestreichen, mit einem Drittel Beeren belegen und mit etwas Karamellcreme beträufeln. Den mittleren Boden auflegen und diesen mit dem zweiten Drittel Kokoscreme bestreichen. Das zweite Drittel Beeren darauflegen und mit Karamellcreme beträufeln. Den obersten Boden auflegen. Mit der restlichen Kokoscreme besteichen, die übrigen Beeren darauf verteilen und mit Karamellcreme besprenkeln. Die Torte mindestens 2 Stunden in den Kühlschrank stellen. Kurz vor dem Servieren nach Belieben mit der Blumendeko schmücken.

SUGARFREE BROWNIE-
Fruchttörtchen

Die Fruchttörtchen ganz ohne Zucker, dafür mit vielen Früchten und einem Kokoshäubchen versprechen süße Kuchenfreuden.

Für 4 Tarteförmchen (6 cm Ø)

Zutaten

Für die Törtchen:

80 g Datteln

30 g getrocknete Aprikosen

60 g Kokosöl, geschmolzen

60 g Reis-Vollkornmehl

40 g Klebreismehl

1 TL Xanthan Gum

1 TL Chia-Samen

1 TL Backpulver

25 g Kakaopulver

1 Vanilleschote

Ei-Ersatz für 2 Eier

100 ml Haselnussmilch

1 TL Cashewkernmus

1 EL Kakao-Nibs

Für das Topping:

1 Dose Kokosmilch

2 Passionsfrüchte

125 g gemischte Beeren

Außerdem:

Kokosöl und gemahlene Haselnusskerne für die Förmchen

Spritzbeutel mit Lochtülle

Kokosflocken

Für das Topping die Kokosmilch am Vortag in den Kühlschrank stellen.

Den Backofen auf 180 °C Ober-/Unterhitze vorheizen. Die Tarteförmchen einfetten und mit gemahlenen Haselnüssen ausstreuen.

Die Datteln entsteinen. Datteln, Aprikosen und das geschmolzene Kokosöl in einem Mixer fein pürieren.

Reismehl, Klebreismehl, Xanthan, Chia-Samen, Backpulver, Kakaopulver in einer Schüssel gut vermischen. Die Vanilleschote längs aufschneiden und das Vanillemark herauskratzen und dazugeben.

Dattelmix, Ei-Ersatz, Haselnussmilch und Cashewkernmus mit dem Mehlgemisch zu einem geschmeidigen Teig verrühren. Die Kakao-Nibs unter den Teig heben. Den Teig in die Förmchen füllen und im Backofen (mittlere Schiene) 20 Minuten backen. Am Ende der Backzeit die Stäbchenprobe machen (siehe S. 12). Die Törtchen herausnehmen und auf einem Kuchenrost vollständig auskühlen lassen.

Inzwischen die feste Kokosmilch von dem flüssigen Teil trennen und mit den Quirlen eines Handrührgeräts cremig rühren. Die Kokoscreme in einen Spritzbeutel mit Tülle geben und auf die Törtchen spritzen.

Die Passionsfrüchte halbieren und das Fruchtfleisch auf der Kokoscreme verteilen. Die Beeren verlesen. Die Törtchen mit Beeren und Kokosflocken dekorieren und servieren.

KIRSCH-MANDEL-*Küchlein*

Diese Küchlein sind nicht nur unheimlich lecker, sondern auch ein absoluter Augenschmaus. Das Auge isst ja bekanntlich mit.

Für 6 Tarteförmchen (à 6 cm Ø)

Zutaten

Für die Küchlein:

125 g gemahlene Mandeln
35 g Maisstärke
25 g Reis-Vollkornmehl
1 TL Backpulver
Salz
1 Vanilleschote
150 g frische Kirschen
5 Eier (Größe M)
50 g Puderzucker
125 g Butter

Außerdem:

Butter zum Einfetten
gemahlene Mandeln zum Ausstreuen
25 g Mandelblättchen
Puderzucker zum Bestäuben

Den Backofen auf 175 °C Ober-/Unterhitze vorheizen. Die Tarteförmchen mit Butter einfetten und mit gemahlenen Mandeln ausstreuen.

Gemahlene Mandeln, Maisstärke, Reis-Vollkornmehl, Backpulver und 1 Prise Salz in einer Schüssel gut vermischen. Die Vanilleschote längs aufschneiden und das Vanillemark herauskratzen und dazugeben.

Die Kirschen waschen, trocken tupfen und nach Belieben entstielen. Die Eier trennen. Die Eiweiße mit dem Puderzucker steif schlagen. Die Butter zerlassen.

Die Mehlmischung vorsichtig unter den Eischnee heben und vermischen. Die zerlassene Butter und die Eigelbe unter den Teig rühren.

Den Teig in die Tarteförmchen füllen und die Kirschen in den Teig drücken. Die Mandelblättchen darüberstreuen.

Die Küchlein im Backofen (mittlere Schiene) in 25 Minuten goldbraun backen. Dann herausnehmen und auf einem Kuchenrost auskühlen lassen. Die Küchlein mit Puderzucker bestäuben und genießen.

PECAN-HONIG-Möhrenkuchen

Honigsüßer Duft macht sich in der Küche breit, und jeder freut sich voller Erwartung auf den saftigen Kuchengenuss.

Für 1 Gugelhupfform (18 cm Ø)

Zutaten

Für den Teig:

70 g Kartoffelmehl
130 g Reis-Vollkornmehl
20 g Kokosmehl
30 g Maisstärke
1 Päckchen Backpulver
1 TL Xanthan Gum
50 g Kokosraspel
Salz
2 TL gemahlener Zimt
325 g Möhren
80 g Walnusskerne
4 Eier (Größe M)
200 ml Sonnenblumenöl
180 g Honig

Außerdem:

Butter zum Einfetten
gemahlene Haselnusskerne zum Ausstreuen

Den Backofen auf 180 °C Ober-/Unterhitze vorheizen. Eine Gugelhupfform mit Butter einfetten und mit gemahlenen Haselnüssen ausstreuen.

Kartoffelmehl, Reis-Vollkornmehl, Kokosmehl, Maisstärke, Backpulver, Xanthan, Kokosraspel, 1 Prise Salz und Zimt in einer großen Schüssel gut vermischen.

Die Möhren schälen und fein reiben. Die Walnusskerne grob hacken.

In einer zweiten großen Schüssel Eier, Sonnenblumenöl und Honig mit den Quirlen des Handrührgeräts cremig rühren. Die Mehlmischung, Möhren und Nüsse unter den Eier-Honig-Mix rühren, bis alles miteinander verbunden ist.

Den Teig in die Gugelhupfform füllen und im Backofen (mittlere Schiene) in 40–50 Minuten goldbraun backen.

Den Kuchen herausnehmen und etwa 10 Minuten in der Form lassen. Anschließend auf einem Kuchenrost vollständig auskühlen lassen.

Tipp

Wer es süßer mag, rührt einfach etwas mehr Honig unter den Teig.

VANILLA THYME
Bundt Cake

Bei diesem leckeren Olivenöl-Kuchen treffen exotische und südländische Aromen wie Vanille und Thymian aufeinander.

Für 1 Gugelhupfform (18 cm Ø)

Zutaten

Für den Teig:

2 Limetten, davon 1 unbehandelt
1 Vanilleschote
75 ml Olivenöl, extra nativ
2 Eier (Größe M)
100 g Rohrohrzucker
Salz
65 g Reis-Vollkornmehl
35 g Maismehl
60 g Kartoffelstärke
2 TL Backpulver
1 gestr. TL Guarkernmehl
1 TL frisch gehackter Thymian

Für die Glasur:

65 g Puderzucker
3 TL Limettensaft

Außerdem:

Olivenöl zum Einfetten
einige Zweige Thymian

Den Backofen auf 160 °C Ober-/Unterhitze vorheizen. Eine Gugelhupfform mit Olivenöl einfetten.

Die unbehandelte Limette heiß waschen, abtrocknen und die Schale abreiben. Den Saft von beiden Limetten auspressen.

Die Vanilleschote längs aufschneiden und das Vanillemark mit einem Messer herauskratzen. Olivenöl, Eier, Vanillemark, Abrieb der Limette, Limettensaft, Rohrohrzucker und 1 Prise Salz in einer Schüssel mit den Quirlen des Handrührgeräts cremig rühren.

Reis-Vollkornmehl, Maismehl, Kartoffelstärke, Backpulver und Guarkernmehl in einer zweiten Schüssel gut vermischen. Das Mehlgemisch mit der Olivenöl-Eier-Masse zu einem geschmeidigen Teig verrühren. Den Thymian unter den Teig rühren. Den Teig in die Gugelhupfform füllen.

Den Teig im Ofen (mittlere Schiene) in 30–35 Minuten goldbraun backen. Am Ende der Backzeit die Stäbchenprobe machen (siehe S. 12). Den Kuchen aus dem Ofen nehmen, vorsichtig aus der Form lösen und auf einem Kuchenrost vollständig auskühlen lassen.

Inzwischen für die Glasur den Puderzucker mit dem Limettensaft glatt verrühren. Den ausgekühlten Kuchen damit bestreichen und mit Thymianzweigen dekorieren.

LEMON Cheesecake

Sauer macht lustig und Cheesecake mit Lemon Curd macht einfach nur happy.

Für 1 Springform (18 cm Ø)

Zutaten

Für den Lemon Curd:

2 Bio-Zitronen

150 g Zucker

Salz

2 Eier (Größe M)

70 g weiche Butter

Für den Boden:

100 g glutenfreie Haferflockenkekse

1 EL geschmolzene Butter

Butter zum Einfetten

Für die Füllung:

400 g Frischkäse

50 g saure Sahne

2 Eier (Größe M)

1 Päckchen Vanille-Extrakt (z. B. Dr. Oetker Finesse)

100 g Rohrohrzucker

2 TL Speisestärke

Salz

Die Zitronen heiß waschen, abtrocknen und die Schale abreiben. Den Saft der Zitronen auspressen (etwa 80 ml). Beides mit Zucker, 1 Prise Salz und Eiern in einem Topf über einem heißen Wasserbad cremig schlagen. Das Wasser darf nicht kochen, da das Ei sonst gerinnt. Anschließend die weiche Butter unter die warme Masse rühren. Den Curd in ein Glas füllen und in den Kühlschrank stellen.

Den Backofen auf 175 °C Ober-/Unterhitze vorheizen. Eine Springform mit Butter einfetten.

Die Haferflockenkekse fein zerkrümeln und in eine Schüssel geben. Die Krümel mit der geschmolzenen Butter mischen. Den Keksteig auf den Boden der Springform drücken. Im Backofen (mittlere Schiene) etwa 10 Minuten vorbacken.

Inzwischen Frischkäse, saure Sahne, Eier, Vanille-Extrakt, Rohrohrzucker, Speisestärke und 1 Prise Salz in einer Schüssel mit den Quirlen des Handrührgeräts cremig rühren.

Den Boden aus dem Backofen nehmen und kurz auskühlen lassen. Die Käsecreme auf dem Boden verteilen und im Backofen (mittlere Schiene) 40–50 Minuten backen. Den Kuchen herausnehmen und in der Form vollständig auskühlen lassen. Danach den Cheesecake mit Lemon Curd bestreichen und servieren.

Tipp

Wer es fruchtig mag, verteilt statt der Brezeln Erdbeeren, Brombeeren oder Himbeeren auf der Schokoladenschicht.

PEANUT-BUTTER-
Brezel-Tarte

Bei dieser Tarte treffen Süß und Salzig aufeinander. Auf einem Büfett macht sie mit den Brezeln obendrauf optisch ziemlich was her.

Für 1 Tarteform (23 x 23 cm)

Zutaten

Für den Teig:

100 g Reis-Vollkornmehl
35 g Buchweizenmehl
1 TL Johannisbrotkernmehl
2 TL Flohsamen
Salz
90 g Kakaopulver
115 g Rohrohrzucker
115 g kalte Butter
1 Ei (Größe M)

Für den Belag:

200 g Zartbitterschokolade
50 g Sahne
250 g Erdnussmus
25 g glutenfreie Minibrezeln

Außerdem:

Butter zum Einfetten

Reis-Vollkornmehl, Buchweizenmehl, Johannisbrotkernmehl, Flohsamen und 1 Prise Salz In einer Schüssel gut vermischen. Kakaopulver, Rohrohrzucker, kalte Butter in Stückchen und Ei dazugeben und alles mit den Knethaken des Handrührgeräts verkneten. Den Teig in Frischhaltefolie wickeln und 30 Minuten in den Kühlschrank legen.

Den Backofen auf 180 °C Ober-/Unterhitze vorheizen. Eine Tarteform mit Butter einfetten.

Den Teig in die Form drücken oder zwischen zwei Lagen Frischhaltefolie in der Größe der Form ausrollen. Im Backofen (mittlere Schiene) 20 Minuten backen.

Die Schokolade in Stückchen brechen und mit der Sahne in eine kleine Schüssel geben. Die Schokolade über dem heißen Wasserbad langsam schmelzen lassen. Die Schokolade mit der Sahne cremig rühren.

Den Tarteboden herausnehmen und auskühlen lassen. Dann den Boden erst mit Erdnussmus und anschließend mit der Schokoladencreme bestreichen. Die Minibrezeln auf der Schokoladenschicht verteilen. Die Tarte mindestens 2 Stunden in den Kühlschrank stellen.

AMERICAN Apple Pie

Einfach unwiderstehlich, dieser American Apple Pie! Mit einer Portion Vanilleeis als Topping schmeckt er doppelt so lecker.

Für 1 Tarteform (25 cm Ø)

Zutaten

Für den Teig:

150 g Reis-Vollkornmehl
100 g Kartoffelmehl
50 g Tapiokastärke
1 TL Xanthan Gum
1 TL Flohsamen
1 EL Honig
1 TL Salz
125 g kalte Butter

Für den Belag:

4 Äpfel (etwa 575 g)
2 EL Limettensaft
115 g Rohrohrzucker
1 TL gemahlener Zimt
1 Messerspitze frisch geriebene Muskatnuss

Außerdem:

Butter zum Einfetten

Reis-Vollkornmehl, Kartoffelmehl, Tapiokastärke und Xanthan in einer Schüssel gut vermischen. Flohsamen, Honig, Salz, kalte Butter in Stückchen und 125 ml kaltes Wasser dazugeben und alles zu einem geschmeidigen Teig verkneten. Den Teig in Frischhaltefolie wickeln und 1 Stunde in den Kühlschrank legen.

Den Backofen auf 200 °C Ober-/Unterhitze vorheizen. Eine Tarteform mit Butter einfetten.

Die Äpfel waschen, schälen, entkernen und grob würfeln. Mit Limettensaft, Rohrohrzucker, Zimt und Muskat in einer Schüssel mischen.

Den Teig halbieren. Eine Teighälfte auf den Boden der Form drücken und dabei einen Rand hochziehen. Die andere Hälfte zwischen zwei Lagen Frischhaltefolie in der Größe der Form ausrollen.

Die Äpfel auf dem Teigboden verteilen. Die zweite Teigplatte auf die Äpfel geben und an den Seiten gut andrücken. Die Teigplatte mit einem scharfen Messer mehrmals einschneiden, damit die Luft beim Backen entweichen kann. Den Kuchen im Backofen (mittlere Schiene) in 40 Minuten goldbraun backen. Apple Pie herausnehmen, kurz auskühlen lassen und warm servieren.

KICHERERBSEN-Walnuss-Brownies

In dem schokoladigen Teig verstecken sich die „lustigen" Kichererbsen als Püree und machen den Brownie so unglaublich lecker.

Für 1 Backform (20 x 20 cm)

Zutaten

Für den Teig:

165 g Zartbitterschokolade
80 g Walnusskerne
385 g Kichererbsen aus der Dose
3 Eier (Größe M)
175 g Kokosblütenzucker
50 g Kakaopulver
2 EL Sonnenblumenöl
2 TL Backpulver
1 Vanilleschote

Außerdem:

Butter für die Form

Den Backofen auf 180 °C Ober-/Unterhitze vorheizen. Eine Backform mit Butter einfetten.

Die Schokolade und Walnusskerne grob hacken. 100 g Schokolade in einer kleinen Schüssel über dem heißen Wasserbad schmelzen lassen.

Die Kichererbsen abtropfen lassen und in einem Mixer pürieren. Das Kichererbsenpüree in eine Schüssel geben. Geschmolzene Schokolade, Eier, Kokosblütenzucker, Kakaopulver, Sonnenblumenöl und Backpulver hinzufügen. Die Vanilleschote längs aufschneiden und das Vanillemark mit einem Messer herauskratzen und dazugeben. Alles mit den Quirlen des Handrührgeräts zu einem geschmeidigen Teig verarbeiten.

Die gehackten Nüsse und die restliche gehackte Schokolade unter den Teig rühren. Den Teig in die Backform füllen und im Backofen (mittlere Schiene) 30–40 Minuten backen. Den Brownie herausnehmen und auskühlen lassen. Anschließend in mundgerechte Stücke schneiden.

SCHOKOLADEN-Erdbeerkuchen

Schokolade und Erdbeeren sind schon solo eine Versuchung wert.
Und in Form eines Kuchens sind sie noch unwiderstehlicher.

Für 1 Springform (18 cm Ø)

Zutaten

Für den Teig:

140 g Reis-Vollkornmehl
140 g Maisstärke
1 TL Xanthan Gum
Salz
1 Päckchen Backpulver
2 EL Kakaopulver
115 g weiche Butter
180 g Rohrohrzucker
3 Eier (Größe M)
1 Vanilleschote
130 ml Milch

Für die Glasur:

100 g Zartbitterschokolade
25 g Sahne

Außerdem:

Butter zum Einfetten
gemahlene Haselnusskerne zum Ausstreuen
150–200 g Erdbeeren

Den Backofen auf 175 °C Ober-/Unterhitze vorheizen. Eine Springform mit Butter einfetten und mit gemahlenen Haselnüssen ausstreuen.

Reis-Vollkornmehl, Maisstärke, Xanthan, 1 Prise Salz, Back- und Kakaopulver in einer Schüssel vermischen.

Weiche Butter, Rohrohrzucker und Eier in eine zweite Schüssel geben. Die Vanilleschote längs aufschneiden und das Vanillemark mit einem Messer herauskratzen und dazugeben. Alles mit den Quirlen des Handrührgeräts schön cremig rühren.

Das Mehlgemisch und die Milch zur Eiermasse geben und zu einem geschmeidigen Teig verarbeiten. Den Teig in die Form füllen und im Backofen (mittlere Schiene) 40 Minuten backen. Am Ende der Backzeit die Stäbchenprobe machen (siehe S. 12).

Den Kuchen herausnehmen und 10 Minuten in der Form auskühlen lassen, dann auf einem Kuchenrost vollständig auskühlen lassen.

Inzwischen die Erdbeeren waschen, putzen und auf Küchenpapier gut abtropfen lassen.

Für die Glasur die Zartbitterschokolade in Stückchen mit Sahne in eine kleine Schüssel geben und über dem heißen Wasserbad schmelzen lassen und verrühren. Den Kuchen damit bestreichen. Die Erdbeeren auf der Glasur verteilen und die Glasur etwa 1 Stunde trocknen lassen.

Tipp

Statt Erdbeeren können auch andere Früchte der Saison, z. B. Himbeeren oder Johannisbeeren, verwendet werden.

Tipp

Meine Strawberry-Cheesecake-Törtchen halten sich im Gefrierschrank problemlos bis zu 1 Woche.

RAW STRAWBERRY *Cheesecakes*

Diese Törtchen brauchen keinen Backofen – sie kommen eher aus der Kälte und schmecken sehr erfrischend.

Für 4 Stück

Zutaten

Für den Boden:

80 g Cashewkerne, fein gemahlen
75 g Cranberrys, Salz
1 EL Erdnussmus
1 TL Kakaopulver

Für die Creme:

2 reife Bananen
1 Spritzer Zitronensaft
85 g Cashewkerne
2 EL Mandelmus
1 EL Kokosöl, geschmolzen
2 EL Agavensirup
1 Vanilleschote

Für das Beerenmus:

100 g Heidelbeeren
200 g Erdbeeren, 75 g Datteln
2 EL Kokosöl, geschmolzen

Außerdem:

4 Dessertringe (à 8 cm Ø)
100 g Erdbeeren
75 g Heidelbeeren
essbare Blüten

Für den Boden fein gemahlene Cashewkerne, Cranberrys, 1 Prise Salz, Erdnussmus und Kakaopulver in einer Schüssel zu einer krümeligen Masse verarbeiten. Je einen Dessertring auf einen Teller setzen, die Masse in die Ringe geben und am Boden fest andrücken. Die Teller in den Gefrierschrank stellen.

Inzwischen für die Creme die Bananen schälen und in einen Mixer geben. Zitronensaft, Cashewkerne, Mandelmus, geschmolzenes Kokosöl und nach Geschmack Agavensirup hinzufügen. Die Vanilleschote längs aufschneiden und das Vanillemark mit einem Messer dazukratzen. Die Zutaten zu einer geschmeidigen Creme pürieren.

Die Teller aus dem Gefrierschrank nehmen, die Creme auf die Dessertringe verteilen und die Teller wieder in den Gefrierschrank stellen.

Für das Mus die Beeren waschen, putzen oder verlesen und trocken tupfen. Die Beeren in einem Mixer fein pürieren. Das Mus durch ein feines Sieb streichen und wieder in den Mixer geben.

Die Datteln entsteinen und mit dem geschmolzenen Kokosöl in den Mixer geben und alles zu einer geschmeidigen Masse mixen.

Das Beerenmus auf der Creme verteilen. Die Strawberry Cheesecakes für mindestens 4 Stunden in den Gefrierschrank stellen.

Die Törtchen mindestens 30 Minuten vor dem Servieren herausnehmen und die Dessertringen abnehmen. Übrige Erdbeeren und Heidelbeeren waschen, putzen und trocken tupfen. Die Törtchen mit den Beeren und essbaren Blüten dekorieren und genießen.

KIRSCH-Butterkuchen

Saftige Kirschen und buttriger Hefeteig geben sich ein sommerliches Stelldichein, während es in der Küche verführerisch duftet.

Für 1 Backblech

Zutaten

Für den Teig:

220 g Reis-Vollkornmehl

200 g Maisstärke

80 g Maismehl

2 TL Xanthan Gum

50 g Rohrohrzucker, Salz

250 ml Milch, 50 g Butter

1 Päckchen Trockenhefe

2 Eier (Größe M)

Für den Belag:

1 Vanilleschote

60 g Rohrohrzucker

1 Glas Sauerkirschen (720 g; wahlweise 500 g frische Kirschen)

40 g Butter

je 100 g Heidelbeeren und Himbeeren

25 g Mandelblättchen

Außerdem:

Mehl zum Arbeiten

Reis-Vollkornmehl, Maisstärke, Maismehl, Xanthan, Rohrohrzucker und 1 Prise Salz in einer Schüssel gut vermischen.

Die Milch lauwarm erwärmen und die Butter zerlassen. Beides mit Trockenhefe und Eiern dazugeben. Alles mit den Knethaken des Handrührgeräts zu einem geschmeidigen Teig verarbeiten. Achtung, der Teig ist etwas weicher als normaler Hefeteig!

Den Hefeteig mit Frischhaltefolie abdecken und an einem warmen Ort 45 Minuten gehen lassen, bis sich sein Volumen vergrößert hat.

Inzwischen für den Belag die Vanilleschote längs aufschneiden, das Vanillemark mit einem Messer herauskratzen und mit dem Rohrohrzucker vermischen. Kirschen aus dem Glas abtropfen lassen. Frische Kirschen waschen und entsteinen.

Den Ofen auf 200 °C Ober-/Unterhitze vorheizen. Ein Backblech mit Backpapier auslegen.

Den Hefeteig mit leicht bemehlten Händen auf dem Backblech etwa 27 x 30 cm groß ausbreiten. Dann abgedeckt an einem warmen Ort weitere 20 Minuten gehen lassen.

Inzwischen die Butter zerlassen. Die Beeren verlesen. Den Hefeteig mit Butter einpinseln, mit Kirschen und Beeren belegen und mit Mandelblättchen bestreuen. Im Backofen (mittlere Schiene) in 20–25 Minuten goldbraun backen. Dann herausnehmen und auskühlen lassen. Dazu passt Schlagsahne.

MACADAMIA-Erdbeer-Biskuitrolle

Prall gefüllt mit Macadamiasahne und frischen Erdbeeren, schwebt die leichte Biskuitrolle auf den Kuchenteller.

Für 1 Backblech

Zutaten

Für den Teig:

1 Vanilleschote
40 g Reis-Vollkornmehl
80 g Maisstärke
½ TL Backpulver
1 TL Xanthan Gum
3 Eier (Größe M)
Salz
115 g Rohrohrzucker

Für die Füllung:

400 g Erdbeeren
350 g Sahne
2 Päckchen Vanillezucker
2 Päckchen Sahnesteif
1 EL Macadamiamus

Außerdem:

Rohrohrzucker zum Bestreuen
Puderzucker zum Bestäuben
Erdbeeren zum Garnieren

Den Backofen auf 200 °C Ober-/Unterhitze vorheizen. Ein Backblech mit Backpapier auslegen.

Die Vanilleschote längs aufschneiden und das Vanillemark mit einem Messer herauskratzen. Vanillemark, Reismehl, Maisstärke, Backpulver und Xanthan in einer Schüssel gut vermischen.

Die Eier trennen. Die Eiweiße mit 1 Prise Salz steif schlagen. Den Rohrohrzucker nach und nach einrieseln lassen und etwa 3 Minuten weiterschlagen. Die Eigelbe einzeln unterrühren. Das Mehlgemisch über die Eiermasse sieben und mit einem Teigschaber vorsichtig unter die Eischneemasse heben.

Den Teig auf das Backblech geben, verstreichen und im Backofen (mittlere Schiene) 10–12 Minuten backen.

Ein Küchentuch dünn mit Rohrohrzucker bestreuen. Den Biskuitteig auf das gezuckerte Tuch stürzen und das Backpapier abziehen. Den Biskuit mithilfe des gezuckerten Küchentuchs aufrollen und abkühlen lassen.

Für die Füllung Erdbeeren waschen, putzen und in dünne Scheiben oder Spalten schneiden. Sahne mit Vanillezucker und Sahnesteif steif schlagen. Das Macadamiamus unter die Sahne schlagen.

Den Biskuit vorsichtig auseinanderrollen und mit Sahne bestreichen. Die Erdbeeren darauf verteilen und leicht andrücken. Den Biskuit erneut mithilfe des Tuches aufrollen, mit Puderzucker bestreuen und nach Belieben mit Erdbeeren garnieren.

APRIKOSEN-Quinoa-Tarte

Rot-gelbe Aprikosenbäckchen tummeln sich auf knackigem Quinoaboden, honigsüßem, luftig-weichem Joghurt und träumen von ihrem großen Auftritt.

Für 1 Tarteform (25 cm Ø)

Zutaten

Für den Boden:

150 g Quinoa
60 g gemahlene Mandeln
1 EL Maisstärke
1 EL Honig
2 Eier (Größe M)

Für die Füllung:

10 Zuckeraprikosen
225 g griechischer Joghurt
3 EL Honig
1 EL gehackte Pistazien

Außerdem:

Butter zum Einfetten
frische Minze zum Garnieren

Den Backofen auf 175 °C Ober-/Unterhitze vorheizen. Eine Tarteform mit Butter einfetten.

Quinoa auf einem Backblech ausbreiten und im Backofen (mittlere Schiene) 10 Minuten rösten, dann kurz abkühlen lassen. Danach Quinoa in einem Blitzhacker grob mahlen. Es dürfen vereinzelt noch ganze Quinoakörner vorhanden sein.

Quinoa mit gemahlenen Mandeln, Maisstärke, Honig und Eiern in einer Schüssel zu einem geschmeidigen Teig verarbeiten. Den Teig in die Form geben und mit einem Löffel verstreichen. Die Backofentemperatur auf 200 °C erhöhen.

Die Zuckeraprikosen waschen, halbieren und entsteinen. Die Aprikosen mit der Schnittfläche nach oben gleichmäßig auf dem Teig verteilen. Im Backofen (mittlere Schiene) 10–15 Minuten backen. Die Tarte herausnehmen und die Aprikosen mit einer Gabel vorsichtig entfernen.

Die Tarte mit dem griechischen Joghurt bestreichen und die Aprikosen erneut darauf verteilen. Die Tarte mit Honig besprenkeln, mit Pistazien bestreuen und mit frischer Minze dekorieren und genießen.

BROT-
zeit

Tipp

Kichererbsen-Flatbread lässt sich, mit Gemüse, Avocado und Salat belegt oder mit Pesto bestrichen, genießen. Es passt auch als Beilage zu Suppen und Currys.

KICHERERBSEN-Flatbread

Köstliches Flatbread lässt sich aus Kichererbsenmehl herstellen. Mit seinem Duft und frisch aus dem Ofen verströmt es sogleich einen Hauch von Orient.

Für 8–10 Stück

Zutaten

140 g Kichererbsenmehl
Salz
¼ TL Kurkumapulver
½ TL getrocknete Kräuter der Provence
Kokosfett zum Ausbacken

Für den Teig 220 ml kaltes Wasser in eine Schüssel geben. Das Kichererbsenmehl, 1 Prise Salz, Kurkumapulver und Kräuter der Provence hinzufügen und alles vermischen. Die Schüssel mit Frischhaltefolie abdecken und den Teig im Kühlschrank 1 Stunde ruhen lassen.

Kokosfett in einer Pfanne erhitzen und 2 Esslöffel Teig in die heiße Pfanne geben. Den Teig mit einem Löffel kreisförmig und so dünn wie möglich ausstreichen. Das Flatbread auf jeder Seite in 1 Minute goldbraun backen, dann herausnehmen und auf einem Küchenpapier entfetten.

MINI-PILZ-Pizza

Knusprige kleine Pizzas, mit erdigen Champignons, roten Zwiebelringen und zart schmelzendem Mozzarella belegt.

Für 5 Stück

Zutaten

Für den Teig:

150 g Reis-Vollkornmehl
100 g Maisstärke
25 g Tapiokastärke
1 TL Xanthan Gum
½ Päckchen Trockenhefe
1 TL Salz
Rohrohrzucker
1 EL Olivenöl

Für den Belag:

1 Knoblauchzehe
5 EL passierte Tomaten
Salz, Pfeffer
1 kleine rote Zwiebel
125 g Champignons
125 g Mozzarella
1 TL frisch gehackte Kräuter (nach Wahl)
1 EL Olivenöl
Basilikumblätter zum Garnieren

Reis-Vollkornmehl, Maisstärke, Tapiokastärke, Xanthan und Trockenhefe in einer Schüssel gut vermischen. Salz, 1 Prise Rohrohrzucker, Olivenöl und 200 ml lauwarmes Wasser hinzufügen. Alles mit den Knethaken des Handrührgeräts zu einem geschmeidigen Teig verkneten. Den Hefeteig mit Frischhaltefolie abdecken und an einem warmen Ort 20 Minuten gehen lassen.

Inzwischen Knoblauch schälen, fein hacken und mit den passierten Tomaten verrühren. Mit Salz und Pfeffer würzen. Die Zwiebel schälen und in feine Ringe schneiden. Die Champignons putzen, abbürsten und in feine Scheiben schneiden. Ein Backblech mit Backpapier auslegen.

Den Hefeteig in fünf gleich große Stücke teilen. Die Teigstücke zu runden Pizzaböden formen und auf das Backblech legen. Die Böden abgedeckt 20 Minuten gehen lassen.

Den Backofen auf 250 °C Ober-/Unterhitze vorheizen. Die Pizzaböden mit der Tomatensoße bestreichen und mit Pilzen und Zwiebelringen belegen. Den Mozzarella zerzupfen und darauf verteilen. Mit gehackten Kräutern nach Wahl bestreuen.

Den Teigrand der Pizzas mit Olivenöl bestreichen. Die Pizzas im Ofen (mittlere Schiene) in etwa 20 Minuten goldbraun backen. Dann herausnehmen, kurz auskühlen lassen und mit Basilikumblättern dekorieren.

Tipp

Besonders gut schmecken die Pizzas mit ein paar Tropfen aromatisiertem Olivenöl. Dafür 50 ml Olivenöl mit 1 gehackten Knoblauchzehe und 1 Prise Salz mischen und über die heiße Pizza träufeln.

HERZHAFTE Gemüse-Windbeutel

„Schaumschläger" trifft auf knackiges Gemüse und cremigen Kräuterquark und wird dabei ganz leise.

Für 6 Stück

Zutaten

Für den Brandteig:

35 g Reis-Vollkornmehl
1 Messerspitze Backpulver
70 g Maisstärke
25 g Butter
Salz
3 Eier (Größe M)

Für die Füllung:

150 g Kräuterquark
70 g Schmand
Salz, Pfeffer
1 kleine violette Möhre
1 kleine gelbe Möhre
½ kleine Zucchini
1 Knoblauchzehe
6 Stangen grüner Spargel
1 EL Olivenöl

Außerdem:

Spritzbeutel mit großer Lochtülle

Reis-Vollkornmehl, Backpulver und Maisstärke in einer großen Schüssel gut vermischen. 125 ml Wasser, Butter und 1 Prise Salz in einen Topf geben und aufkochen. Die Mehlmischung dazugeben und mit einem Kochlöffel zu einem Klumpen verrühren, bis sich eine weiße Schicht am Topfboden bildet.

Den Backofen auf 200 °C Ober-/Unterhitze vorheizen. Ein Backblech mit Backpapier auslegen.

Die Masse aus dem Topf in eine Schüssel geben und kurz auskühlen lassen, die Eier nach und nach einzeln unterrühren. Den Brandteig in einen Spritzbeutel mit großer Lochtülle füllen und sechs Windbeutel auf das Backblech spritzen. Die Windbeutel im Backofen (mittlere Schiene) etwa 20 Minuten backen. Wichtig! In den ersten 15 Minuten den Backofen nicht öffnen, da die Windbeutel sonst zusammenfallen.

Die Windbeutel herausnehmen. Mit einer Küchenschere jeweils einen Deckel abschneiden und die Windbeutel auskühlen lassen.

Inzwischen Kräuterquark mit Schmand verrühren und mit Salz und Pfeffer würzen. Möhren schälen. Zucchini waschen und putzen. Beides mit einem Spiralschneider zu Spaghetti schneiden. Knoblauch schälen und fein hacken. Spargel waschen, putzen und in grobe Stück schneiden.

Das Olivenöl in einer Pfanne erhitzen, das Gemüse darin kurz andünsten. Nach Belieben mit etwas Salz und Pfeffer abschmecken. Das Gemüse kurz abkühlen lassen.

Die Quarkcreme mit einem Spritzbeutel mit Lochtülle auf den unteren Teil der Windbeutel spritzen. Das Gemüse daraufgeben und jeweils mit einem Deckel belegen.

PEKAN-KÜRBIS-
Vollkornbrot

Erdmandelflocken und Pekannusskerne machen jede Vollkornbrotschnitte zu einem besonderen Brotgenuss mit Biss.

Für 1 Kastenform (20 cm Länge)

Zutaten

100 g Braunhirse-Vollkornmehl
75 g Erdmandelflocken
50 g gemahlene glutenfreie Haferflocken
80 g Buchweizenmehl
2 EL geschrotete Leinsamen
1 EL Flohsamen
½ Würfel frische Hefe
1 EL Honig
25 g glutenfreie Haferflocken
1 TL Salz
50 ml Olivenöl
3 Eier (Größe M)
65 g Pekannusskerne
25 Kürbiskerne

Braunhirsemehl, Erdmandelflocken, gemahlene Haferflocken, Buchweizenmehl, Leinsamen und Flohsamen in einer Schüssel gut vermischen. Die Hefe in 80 ml lauwarmem Wasser auflösen.

Honig, Haferflocken, Salz, Olivenöl, Eier und aufgelöste Hefe zum Mehlgemisch geben und mit den Knethaken des Handrührgeräts zu einem geschmeidigen Teig verarbeiten. Den Teig mit Frischhaltefolie abdecken und an einem warmen Ort 45 Minuten gehen lassen.

Inzwischen die Pekannusskerne grob hacken. Eine Kastenform mit Backpapier auslegen. Pekannusskerne und Kürbiskerne unter den Teig kneten. Den Teig in die Kastenform füllen und abgedeckt an einem warmen Ort 30 Minuten gehen lassen.

Den Backofen auf 175 °C Ober-/Unterhitze vorheizen. Das Vollkornbrot im Backofen (mittlere Schiene) 30 Minuten backen. Die Backofentemperatur auf 190 °C erhöhen. Das Brot aus der Backform lösen und auf dem Rost in 15 Minuten fertig backen. Das Brot herausnehmen und auf einem Kuchenrost vollständig auskühlen lassen.

Tipp

In einem gusseisernen Bräter mit Deckel wird das Brot besonders knusprig und bekommt eine schöne braune Farbe. Wer keinen Bräter hat, nimmt einen ofenfesten Topf mit Deckel.

SAUERTEIG-brot

Selbst gebackenes Sauerteigbrot ist etwas Besonderes, schmeckt unheimlich lecker und ist außerdem sehr bekömmlich.

Für 1 Bräter (20 cm Ø)

Zutaten

- 100 g Tapiokastärke
- 65 g Braunhirse-Vollkornmehl
- 100 g gemahlene glutenfreie Haferflocken
- 110 g Reis-Vollkornmehl
- 105 g Amarant-Vollkornmehl
- 1 Päckchen Trockenhefe
- 50 g Naturreis-Sauerteig, getrocknet
- 2 EL Xanthan Gum
- 1 EL Salz
- 2 EL Rohrohrzucker
- 4 Eier (Größe M)
- 50 ml Sonnenblumenöl

Tapiokastärke, Braunhirsemehl, gemahlene Haferflocken, Reis-Vollkornmehl, Amarantmehl, Trockenhefe, Naturreis-Sauerteig und Xanthan in einer Schüssel gut vermischen.

Salz, Rohrzucker, Eier, 320 ml lauwarmes Wasser und Sonnenblumenöl zum Mehlgemisch geben und in einer Küchenmaschine oder mit den Knethaken des Handrührgeräts verkneten. Den Teig mit Frischhaltefolie abdecken und an einem warmen Ort mindestens 1 Stunde gehen lassen. Einen gusseisernen Bräter mit Deckel mit Backpapier auslegen.

Den Teig in den Bräter füllen und 45 Minuten gehen lassen.

Den Backofen auf 230 °C Ober-/Unterhitze vorheizen und eine ofenfeste Form mit 200 ml Wasser in den Backofen stellen. Das Brot mit Deckel im Backofen (mittlere Schiene) 45 Minuten backen. Danach den Deckel entfernen und das Brot in 15 Minuten fertig backen. Das Brot aus dem Bräter nehmen und auf einem Kuchenrost auskühlen lassen.

RUSTIKALES
Baguette

Beim Genuss von diesen Baguettes fühlt man sich wie Gott in Frankreich. Mit veganer Kräuterbutter wird es zum perfekten Grillbegleiter.

Für 2 Baguettes (25 cm Länge)

Zutaten

100 g Hirse-Vollkornmehl
50 g Reis-Vollkornmehl
225 g Maisstärke
3 ½ TL Xanthan Gum
1 TL Salz
Rohrohrzucker
½ Würfel frische Hefe

Außerdem:

Baguette-Backform

Hirse-Vollkornmehl, Reis-Vollkornmehl, Maisstärke, Xanthan, Salz und 1 Prise Rohrohrzucker In einer Schüssel gut vermischen. Die Hefe in 290 ml lauwarmem Wasser auflösen. Die Hefe zum Mehlgemisch geben und alles zu einem geschmeidigen Teig verarbeiten. Den Teig mit Frischhaltefolie abdecken und an einem warmen Ort 1 Stunde 30 Minuten gehen lassen.

Den Backofen auf 220 °C Umluft vorheizen. Ein Baguetteblech mit Backpapier auslegen.

Den Teig mit feuchten Händen in zwei Portionen teilen und auf das Baguetteblech legen. Achtung, der Teig ist sehr weich, diesen deshalb am besten auf dem Blech einfach in Form drücken! Jedes Baguette sollte eine Länge von etwa 25 cm haben.

Eine mit Wasser gefüllte Auflaufform auf den Boden des Backofens stellen. Die Baguettes im Backofen (mittlere Schiene) am besten in einer Baguette-Backform 20–30 Minuten goldbraun backen. Die Baguettes aus dem Backofen nehmen und vollständig auskühlen lassen.

Tipp

Das warme Baguette mit einem Messer mehrmals diagonal einschneiden und die Einschnitte mit veganer Kräuterbutter bestreichen.

Tipp

Das Haferflocken-Toastbrot lässt sich in Scheiben geschnitten einfrieren und bei Bedarf im Toaster aufbacken oder als Overnight Berry French Toast (siehe S. 33) zubereiten.

HAFERFLOCKEN-Toastbrot

Knuspriger Toast darf bei keinem Frühstück fehlen und macht einen Brunch am Sonntag erst so richtig perfekt.

Für 1 Kastenform (20 cm Länge)

Zutaten

Für den Teig:

100 g Reis-Vollkornmehl
125 g Maismehl
225 g Kartoffelstärke
50 g glutenfreie Haferflocken
3 gestr. TL Xanthan Gum
50 ml Milch
½ Würfel frische Hefe
1 TL Rohrohrzucker
1 EL weiche Butter
1 TL Salz
2 Eier (Größe M)
1 EL geschmolzene Butter

Reis-Vollkornmehl, Maismehl, Kartoffelstärke, Haferflocken und Xanthan in eine Schüssel geben und gut vermischen. Die Milch erwärmen, bis sie lauwarm ist. Mit 200 ml lauwarmem Wasser verrühren. Den halben Hefewürfel darin auflösen.

Eine Kastenform mit Backpapier auslegen. Die Hefemilch mit Rohrohrzucker, Butter, Salz und Eiern zur Mehlmischung geben und alles mit den Knethaken des Handrührgeräts zu einem glatten Teig verarbeiten.

Den Teig in die Kastenform legen, mit Frischhaltefolie abdecken und an einem warmen Ort etwa 1 Stunde gehen lassen. Er sollte sein Volumen deutlich vergrößert haben.

Den Backofen auf 220 °C Ober-/Unterhitze vorheizen. Den Teig mit geschmolzener Butter bestreichen und im Backofen (mittlere Schiene) in 25–35 Minuten goldbraun backen. Am Ende der Backzeit die Stäbchenprobe machen (siehe S. 12). Das Brot herausnehmen, aus der Form lösen und auf einem Kuchenrost auskühlen lassen.

ZWIEBEL-
Süßkartoffel-Brot

Die leichte Süße der Süßkartoffeln und die Würze der Zwiebeln harmonisieren den Geschmack. Das Besondere – ein Gärkörbchen bringt den Teig in Form.

Für 1 rundes Gärkörbchen (20 cm Ø)

Zutaten

- 200 g Süßkartoffeln
- 130 g rote Zwiebeln
- 1 EL Olivenöl
- 100 g Tapiokastärke
- 175 g Braunhirse-Vollkornmehl
- 150 g Buchweizenmehl
- 60 g Quinoa-Vollkornmehl
- 1 Päckchen Trockenhefe
- 2 EL Xanthan Gum
- 50 g Naturreis-Sauerteig, getrocknet
- 2 TL Salz
- 2 EL Zuckerrübensirup
- 3 Eier (Größe M)

Außerdem:

- Quinoa-Vollkornmehl zum Ausstreuen

Die Süßkartoffeln schälen, grob würfeln und in einem kleinen Topf mit Wasser bedeckt 20 Minuten garen.

Inzwischen die Zwiebeln schälen und grob würfeln. Olivenöl in einer Pfanne erhitzen, die Zwiebeln darin glasig dünsten. Die Süßkartoffelwürfel abgießen, auskühlen lassen und mit einem Kartoffelstampfer zerstampfen. Beides beiseitestellen.

Tapiokastärke, Braunhirsemehl, Buchweizenmehl, Quinoamehl, Hefe, Xanthan, Naturreis-Sauerteig und Salz in einer Schüssel vermischen. Zwiebeln, Süßkartoffeln, Zuckerrübensirup, Eier und 250 ml lauwarmes Wasser hinzufügen und in der Küchenmaschine zu einem geschmeidigen Teig verarbeiten. Den Teig mit Frischhaltefolie abdecken und an einem warmen Ort 1 Stunde gehen lassen.

Das Gärkörbchen mit Quinoamehl ausstreuen. Anschließend den Teig in das Körbchen geben und mit feuchten Händen leicht in Form drücken. Den Teig mit Frischhaltefolie abdecken und an einem warmen Ort 45 Minuten gehen lassen.

Backofen auf 230 °C Ober-/Unterhitze vorheizen. Eine mit 200 ml Wasser gefüllte Auflaufform auf den Backofenboden stellen. Ein Backblech mit Backpapier auslegen.

Den Teig aus dem Gärkörbchen vorsichtig auf das Backblech legen und im Backofen (mittlere Schiene) 30 Minuten backen. Die Backofentemperatur auf 200 °C reduzieren und das Brot weitere 30 Minuten backen. Das Brot aus dem Ofen nehmen und auf einem Kuchenrost vollständig auskühlen lassen.

ARMY INVENTS MASK

MEHRKORN-Grissini

Mehrkorn-Grissini lassen sich wunderbar auf der Couch knabbern. Mit einem scharfen Dip sind dem kulinarischen Genuss keine Grenzen gesetzt.

Für 16 Stück

Zutaten

½ Würfel frische Hefe
1 EL Rohrohrzucker
7 EL Olivenöl
1 TL Salz
100 g Amarant-Vollkornmehl
50 g Buchweizenmehl
200 g Maisstärke
1 gestr. TL Guarkernmehl
1 TL getrockneter Thymian

Außerdem:

1 Eiweiß
Sesamsamen, Kürbiskerne, Sonnenblumenkerne zum Bestreuen

Die Hefe in eine Schüssel bröckeln und mit 150 ml lauwarmem Wasser, Rohrohrzucker, Olivenöl und Salz verrühren.

Amarant-Vollkornmehl, Buchweizenmehl, Maisstärke, Guarkernmehl und getrockneten Thymian in einer Schüssel gut vermischen. Das Mehlgemisch zur Hefemischung geben und alles mit den Knethaken des Handrührgeräts zu einem glatten Teig verarbeiten. Den Teig mit Frischhaltefolie abdecken und an einem warmen Ort 1 Stunde 15 Minuten gehen lassen, bis er sein Volumen deutlich vergrößert hat.

Den Backofen auf 200 °C Ober-/Unterhitze vorheizen. Ein Backblech mit Backpapier auslegen.

Den Teig halbieren, die Hälften jeweils zu 25 cm langen Strängen formen. Jeden Strang in acht Stücke teilen und die Teigstücke zu 20 cm langen Grissini formen. Die Grissini auf das Backblech legen, etwas flach drücken, mit Eiweiß bepinseln, mit den Samen und Kernen bestreuen und diese leicht andrücken. Grissini im Backofen (mittlere Schiene) in 15–20 Minuten goldbraun backen. Die Grissini herausnehmen und 10 Minuten auf dem Backblech auskühlen lassen.

SPARGEL-Quiche-Cups

Die Mini-Quiches schmecken warm und kalt – mit zartem Spinat und Kürbiskernen versetzen sie dich in einen kulinarischen Höhenflug.

Für 5 Stück

Zutaten

Für den Teig:

120 g Kartoffelmehl
40 g Teffmehl
40 g Buchweizenmehl
1 gestr. TL Guarkernmehl
½ TL Salz
100 g kalte Butter

Für den Belag:

1 große rote Zwiebel
100 g Babyspinat
1 EL Butter
10 grüne Spargelspitzen

Für den Guss:

60 g Gruyère
2 Eier (Größe M)
75 g Sahne, 100 g Schmand
Salz, Pfeffer
1 EL Kürbiskerne

Außerdem:

5 Dessertringe (à 8 cm Ø)
getrocknete Erbsen zum Blindbacken

Kartoffelmehl, Treffmehl, Buchweizenmehl und Guarkernmehl in einer Schüssel gut vermischen. Salz, 5 Esslöffel kaltes Wasser und die kalte Butter zum Mehlgemisch geben und alles zu einem geschmeidigen Teig verarbeiten. Den Teig in Frischhaltefolie wickeln und 30 Minuten in den Kühlschrank legen.

Den Ofen auf 200 °C Ober-/Unterhitze vorheizen. Fünf Dessertringe auf ein Backblech setzen und mit Backpapier auslegen.

Den Teig in fünf Stücke teilen und die Dessertringe damit auslegen. Die Teigcups mit Backpapier belegen, getrocknete Erbsen darauf verteilen und die Cups im Backofen (mittlere Schiene) 20 Minuten blindbacken.

Inzwischen die Zwiebel schälen und fein hacken. Den Spinat waschen, abtropfen lassen und grob zerzupfen. Die Butter in einer Pfanne erhitzen, Spinat und Zwiebel darin kurz andünsten. Dann etwas abkühlen lassen. Für den Guss den Käse reiben.

Die Eier mit Sahne, Schmand und Käse in einer Schüssel mit einem Schneebesen verrühren. Den Spinat und die Zwiebel dazugeben und untermischen. Mit Salz und Pfeffer würzen.

Die Cups aus dem Ofen nehmen, Backpapier und Erbsen entfernen und die Mischung in die Teigcups füllen. Spargelspitzen und Kürbiskerne darauf verteilen. Quiches im Backofen (mittlere Schiene) 25–35 Minuten backen. Die Quiche-Cups herausnehmen, die Dessertringen entfernen und die Cups servieren.

BÄRLAUCH-
Kartoffel-Schiffchen

Ahoi, ruft der Bärlauch, wirft sich auf sein Kartoffelschiffchen
und startet in die raue See.

Für 4 Stück

Zutaten

Für den Hefeteig:

130 g Hirse-Vollkornmehl
50 g Buchweizenmehl
20 g Traubenkernmehl
200 g Kartoffelstärke
3 TL Xanthan Gum
8 Blätter Bärlauch
½ Würfel frische Hefe
1 TL Salz
Rohrohrzucker
3 EL Olivenöl

Für den Belag:

350 g Pellkartoffeln vom Vortag
1 rote Zwiebel
200 g Schmand
150 g Frischkäse
Salz, Pfeffer
4 EL Bärlauchpesto

Außerdem:

Mehl zum Arbeiten

Für den Hefeteig Hirse-Vollkornmehl, Buchweizenmehl, Traubenkernmehl, Kartoffelstärke und Xanthan Gum in einer Schüssel gut vermischen. Den Bärlauch waschen, trocken tupfen und fein hacken.

Die Hefe in 200 ml lauwarmem Wasser auflösen. Hefe, Salz, 1 Prise Rohrohrzucker, Bärlauch und Olivenöl zum Mehlgemisch geben und alles zu einem geschmeidigen Teig verarbeiten. Die Schüssel mit Frischhaltefolie abdecken und den Teig an einem warmen Ort 1 Stunde gehen lassen, bis er sein Volumen vergrößert hat.

Inzwischen für den Belag die Pellkartoffeln pellen. Die Zwiebel schälen und in feine Ringe schneiden. Schmand mit Frischkäse verrühren, mit etwas Salz und Pfeffer würzen.

Den Backofen auf 200 °C Ober-/Unterhitze vorheizen. Ein Backblech mit Backpapier auslegen.

Den Hefeteig in vier Stücke teilen. Die Teigstücke auf einer bemehlten Arbeitsfläche etwa 1 cm dick ausrollen und zu ovalen Schiffchen formen. Die Schiffchen auf das Backblech setzen, mit der Frischkäsemasse bestreichen, mit Kartoffelscheiben und Zwiebelringen belegen. Im Ofen (mittlere Schiene) 20–30 Minuten backen. Anschließend aus dem Ofen nehmen, jeweils mit 1 Esslöffel Pesto besprenkeln und genießen.

QUINOA-Parmesan-Kräcker

Langweilige Käsekräcker waren gestern, heute gibt es eine knusprige Ladung Kräcker mit Quinoa und Parmesan.

Für 30 Stück

Zutaten

50 g Parmesan

115 g Quinoa-Vollkornmehl

Salz

1 EL Olivenöl

1 TL frisch gehackter Majoran

Quinoa-Vollkornmehl zum Arbeiten

Den Backofen auf 180 °C Ober-/Unterhitze vorheizen. Ein Backblech mit Backpapier auslegen. Den Parmesan reiben.

Quinoamehl, 1 Prise Salz, Olivenöl, Majoran, 80 ml lauwarmes Wasser und Parmesan in eine Schüssel geben und mit den Händen oder den Knethaken des Handrührgeräts zu einem geschmeidigen Teig kneten.

Den Teig auf einer leicht bemehlten Arbeitsfläche 0,5 cm dick ausrollen. Den Teig mit einem Teigroller in etwa 30 mundgerechte Rechtecke teilen und diese auf das Backblech setzen. Die Teigrechtecke mit einer Gabel mehrmals einstechen und im Backofen (mittlere Schiene) in 20 Minuten goldbraun backen. Die Kräcker aus dem Backofen nehmen und auskühlen lassen.

Tipp

Dazu passt ein Avocadodip. Dafür 1 Avocado halbieren und vom Stein befreien. Das Fruchtfleisch aus der Schale lösen, mit Salz, Pfeffer und 1 Spritzer Limettensaft pürieren und in einem Schälchen zu den Kräckern servieren.

Rezeptregister

ÜBER DIE *Autorinnen*

SABRINA SUE DANIELS

Foodie, Frühaufsteherin und Fotografin aus Leidenschaft – diese Begriffe beschreiben Sabrina Sue Daniels wohl am besten. Nach ihrem Archäologiestudium fand sie über Umwege zur Fotografie, absolvierte erfolgreich eine Ausbildung und betreibt seit 2013 ihren Foodblog **www.sabrinasue.de**. Mit üppig inszenierten Fotos, leuchtenden Farben und kreativen Rezepten verführt sie ihre Leser regelmäßig zum gesunden Schlemmen.

Dieses Herzprojekt widme ich all jenen, die mich immer wieder motivieren und zu kulinarischen Höchstleistungen antreiben.
Ich hoffe, es gefällt euch …

Eure Sabrina Sue Daniels

DAGMAR REICHEL

Gesunde Ernährung, Clean Eating und leckere, abwechslungsreiche Zutaten – das sind die Grundlagen für das Tun von Dagmar Reichel, Ökotrophologin und Autorin rund um Ernährung, Gesundheit und Genuss. Sie lebt mit ihrem Mann und drei Kindern in Freiburg und genießt es, hier nach Lust und Laune aus dem riesigen saisonalen und regionalen Angebot schöpfen und es als Basis für ihre Rezeptkreationen verwenden zu können.

Mein besonderer Dank gilt der Haupt autorin Sabrina Sue Daniels, für dieses wundervolle Buch! Und ein dickes Danke an meine Familie und Freunde, die mich stets in meinen Projekten unterstützen!

Eure Dagmar Reichel

IMPRESSUM

Bibliografische Information der Deutschen Bibliothek.

Die Deutsche Bibliothek verzeichnet diese Publikation in der deutschen Nationalbibliografie.

Detaillierte bibliografische Daten sind im Internet über http://www.d-nb.de/ abrufbar.

Die im Buch veröffentlichten Aussagen und Ratschläge wurden von den Verfasserinnen und dem Verlag sorgfältig erarbeitet und geprüft. Eine Garantie für das Gelingen kann jedoch nicht übernommen werden, ebenso ist die Haftung der Verfasserinnen bzw. des Verlags und seiner Beauftragten für Personen-, Sach- und Vermögensschäden ausgeschlossen.

Die in diesem Buch enthaltenen Informationen, Anregungen und Ratschläge stellen die Meinung und Erfahrung der Autorinnen dar, basierend auf dem aktuellen Stand wissenschaftlicher Erkenntnisse. Sie wurden von den Verfasserinnen nach bestem Wissen und mit größter Sorgfalt recherchiert. Dennoch erfolgen alle Angaben ohne Gewähr und es kann keine Garantie übernommen werden. Das Buch kann eine persönliche Beratung oder kompetenten medizinischen Rat nicht ersetzen. Weder die Autorinnen noch der Verlag können für eventuelle Schäden oder Nachteile, die sich aus den im Buch enthaltenen Hinweisen ergeben, eine Haftung übernehmen. Jeder Leser und jede Leserin ist nach wie vor für das eigene Tun selbst verantwortlich.

EIN BUCH DER EDITION MICHAEL FISCHER

1. Auflage 2016

Covergestaltung, Layout und Satz: Bernadett Linseisen
Produktmanagement: Annika Christof
Lektorat: Maryna Zimdars, München
Rezepte und Fotos: Sabrina Sue Daniels, Frankfurt am Main
Text Grundlagenteil: Dagmar Reichel, Freiburg

ISBN 978-3-86355-566-5

Printed in Slovakia

www.emf-verlag.de